フランス的クラシック生活

ルネ・マルタン 著／高野麻衣 解説
René Martin / Takano Mai

PHP新書

はじめに
——いつだって美しいシチュエーションを！

ルネ・マルタン

クラシック音楽に、あなたはどんなイメージをもっているだろう。子ども時代に音楽室で見た肖像画？　挫折したピアノ教室の思い出？　それとも自分とは遠い世界の絵空事《えそらごと》だろうか。

ぼくはフランスで生まれ育ち、そこでクラシック音楽のプロデュースを生業《なりわい》にしている。けれど、いわゆるクラシック・ファンでない人——とくに若者や女性にとってクラシックが縁遠いものであるという状況は、日本となんら変わらないんだ。

世界共通の、クラシックのイメージはこんなふう。

「高尚なお勉強であって、ふつうの生活のなかで気軽に聴いて、愛《め》でて、語り合う音楽ではない」

だいぶ変わってきてはいるけれど、まずは、そんなイメージをひっくり返すことが肝心だ。そこでぼくはチームをつくって、ライターや編集者たちと話し合った。そして、

「ムッシュー・マルタンが暮らしのなかでだれもが経験するような〝シチュエーション〟を取り上げ、そんな場面にぴったりのクラシックをご紹介し、みんなで〝シェア〟するフランス的クラシック・ガイド」

というこの本のスタイルができあがった。

この本では、五〇のシチュエーションのために選曲したクラシックを紹介している。一曲の紹介は見開きになっていて、右にはぼくの選曲理由やお気に入りのポイント、左には、日本のみなさんにより身近に楽しんでもらうための解説が記されている。解説の高野麻衣さんには、途中に登場するコラムも担当してもらった。

一曲一曲は独立しているから、好きなところから読んでくれていい。春の昼下がりにはお茶の時間のBGMを、失恋したときには自分へのエールを探す、という具合に。ぼくの大好きな音楽ばかりだけれど、これでなくては、と限定しているわけではない。クラシックがお勉強ではなく、卓上に飾る花や食事と同じように暮らしを彩る大切な要素だということ。それこそが、ぼくの考える「フランス的クラシック」なんだ。

＊

ぼくが日本とかかわるようになったきっかけは、ラ・フォル・ジュルネ音楽祭。これもまた、「クラシックのイメージをひっくり返す」という目的で生まれた。「ラ・フォル・ジュルネ」の意味は「狂った一日」――「はちゃめちゃな一日」と訳してもいいかもしれない。モーツァルトの有名なオペラの原作になった戯曲《狂おしき一日、あるいはフィガロの結婚（*La Folle journée, ou le Mariage de*

Figaro)》にちなんでつけた名前だ。フランスの作家ボーマルシェが、一七八四年に発表したこの戯曲は、ヨーロッパじゅうに革命的なショックを与え、五年後には、文字どおりフランス革命が起こった。ぼくはこの音楽祭でクラシックに革命を起こしたいと思っていたので、迷わずこのタイトルを拝借したんだ。

そうしてラ・フォル・ジュルネは一九九五年、ぼくの故郷、フランス北西部ロワール地方の都市ナントで始まった。以来、毎年一二万人以上の来場者がやってくる大きなフェスティバルに成長し、十年目の二〇〇五年には、東京国際フォーラムでの「ラ・フォル・ジュルネ・オ・ジャポン」がスタート。熱狂は各地に飛び火し、二〇〇八年には金沢、二〇一〇年には新潟とびわ湖（大津）、そして二〇一一年には九州地方の鳥栖《とす》でも同時開催されることになった。

日本じゅうが美しい光にあふれる五月の連休。

朝から晩まで、そしてホールのなかでも野外でもコンサートが開かれ、ハシゴもできるクラシックの「フェス」。

それがラ・フォル・ジュルネ・オ・ジャポンだ。会場にはエキゾティックな料理やオリジナルグッズの屋台が並び、若者たちのグループや恋人たち、老夫婦から赤ちゃんまでの家族連れでにぎわう。笑顔で語り合っている。これがまさに、ぼくが夢見ていた「革命」のあるべき姿だ。

＊

もともとぼくは、バリバリのバンド少年だった。ロックやジャズで耳を磨き、バンドのドラムでリズム感を養っていた。

そんな十六歳の夏、ナント近郊の故郷の町で野外パーティが開かれた。そこで、なんでもありのダンス音楽のＤＪをまかされたんだ。これがすごく楽しくて、以来、友人を集めてはレコードをかけて新しい音楽を紹介するのがぼくの趣味になった。この経験こそが、いまの原点だ。

十七歳のときには、伝説のジャズマン、チャーリー・ミンガスに夢中になり、彼が最期に聴いたというバルトークの弦楽四重奏曲のレコードを買った。はじめてのクラシックのレコードだ。

これは衝撃的だった。ミンガスやジョン・コルトレーンを聴いてきたぼくの耳に、バルトークの不協和音はまったく違和感がなかった。それどころか、特徴的な民謡の旋律が、体にズシンときた。

「これがクラシックというものなのか。この突き上げるような感覚に、ジャズやロックとの違いがあるだろうか」

目から鱗《うろこ》とはこのことだ。ぼくは即刻、ナントのコンセルヴァトワール（音楽院）に入学した。そこでは、音楽とともに経営学を学んだ。クラシック音楽をプロデュースする仕事がしたいという、輝かしい夢のためだった。

そんなぼくだから、現在も、クラシックだけでなくジャズにロックにヒップホップ——いいと思う音楽ならジャンルを問わず愛していいと、自信をもって言えるんだ。

ラ・フォル・ジュルネを思いつくきっかけになったのだって、十七年前に息子と出かけたU2のアリーナ・ライブだ。そこには三万五〇〇〇人の若者が集まって、同時に身体を揺さぶり、同時にシャウトしていた。

「こんなにも音楽を愛している、この若者たちが、クラシックのコンサートに来てくれないのはなぜだろう」

この素朴な疑問が始まりだった。彼らにはただ、クラシックと気軽に親しむ機会がないだけではないか。逆にきっかけ——ぼくにとってのミンガスのようなきっかけさえあれば、この熱狂をクラシックでも再現できるのではないか。

「こちらにやってきてくれるなら、ぼくにまかせてごらん。ぼくから感染したウイルスが、あなたをクラシック好きにするよ！」

そんな仕掛けを、いつも考えている。

*

あるときは、ロックの大音響と熱狂の渦に流されてみる。そうして帰宅して、シンプルなバッハの鍵盤の旋律を耳にしたとき、胸をよぎる思いを知る。その経験はどちらも、人生には必要なことなんじゃないかな。音楽がほんとうに好きな人は、ジャンルなど違っても一流のものがわかるし、受け止めてくれる。ラ・フォル・ジュルネはロック・フェスのように気軽だけれど、あくまでクラシックのルール（四楽章の曲なら四楽章全部を演奏することなど）は崩さない。伝統にも、革新にも敬意を払いながら、互いのいいところを自由に行き来する。

音楽の聴き方も、それでいいと思うんだ。何かを楽しむには、互いを認め合うことがいちばんだから。

この本が「フランス的」だからといって、バッハやベートーヴェンの名曲をのけものにしたりはしない。ここにあるのは、いつだって美しいシチュエーションを探しているあなたのために、心から選んだ音楽ばかりだ。

ぼくの選曲はだれにも媚《こ》びない、ぼくだけのもの。麻衣さんのコラムだってそうだし、あなたもそうであっていい。それは洋服の着こなしといっしょで、真似をしながら、少しずつあなたのオリジナルになっていくものだ。

だからこそ分かち合おう。すてきなクラシックは、あなたのすぐ隣にある。

フランス的クラシック生活●目次

Chapitre 2 クラシック歳時記

Chapitre 3　恋、そして人生

Chapitre 4　音楽の効能

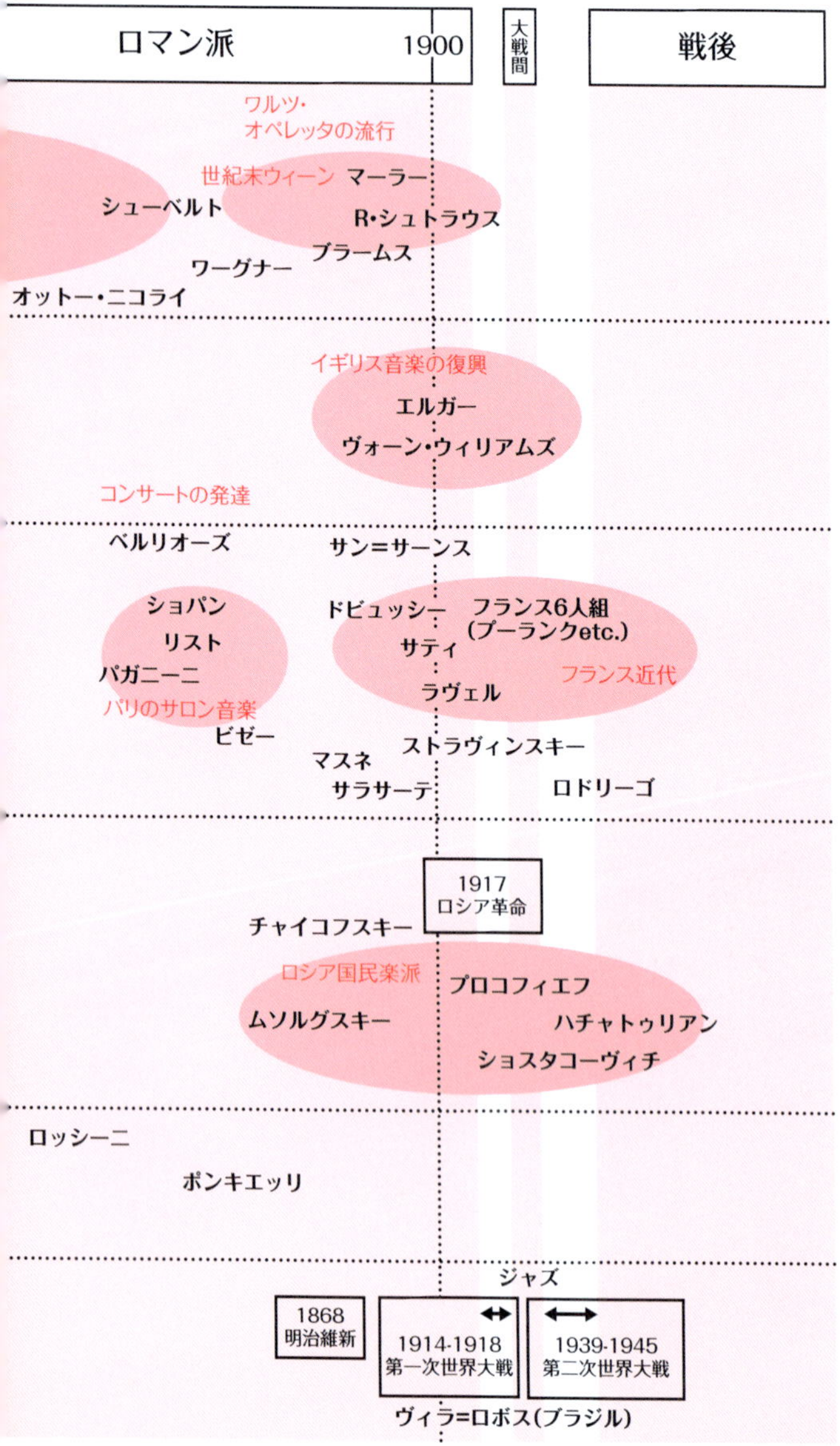
ロマン派
1900
大戦間
戦後
ワルツ・
オペレッタの流行
世紀末ウィーン
マーラー
シューベルト
R・シュトラウス
ブラームス
ワーグナー
オットー・ニコライ
イギリス音楽の復興
エルガー
ヴォーン・ウィリアムズ
コンサートの発達
ベルリオーズ
サン＝サーンス
ショパン
リスト
パガニーニ
パリのサロン音楽
ドビュッシー
フランス6人組
(プーランクetc.)
サティ
ラヴェル
フランス近代
ビゼー
マスネ
サラサーテ
ストラヴィンスキー
ロドリーゴ
1917
ロシア革命
チャイコフスキー
ロシア国民楽派
プロコフィエフ
ムソルグスキー
ハチャトゥリアン
ショスタコーヴィチ
ロッシーニ
ポンキエッリ
ジャズ
1868
明治維新
1914-1918
第一次世界大戦
1939-1945
第二次世界大戦
ヴィラ＝ロボス(ブラジル)

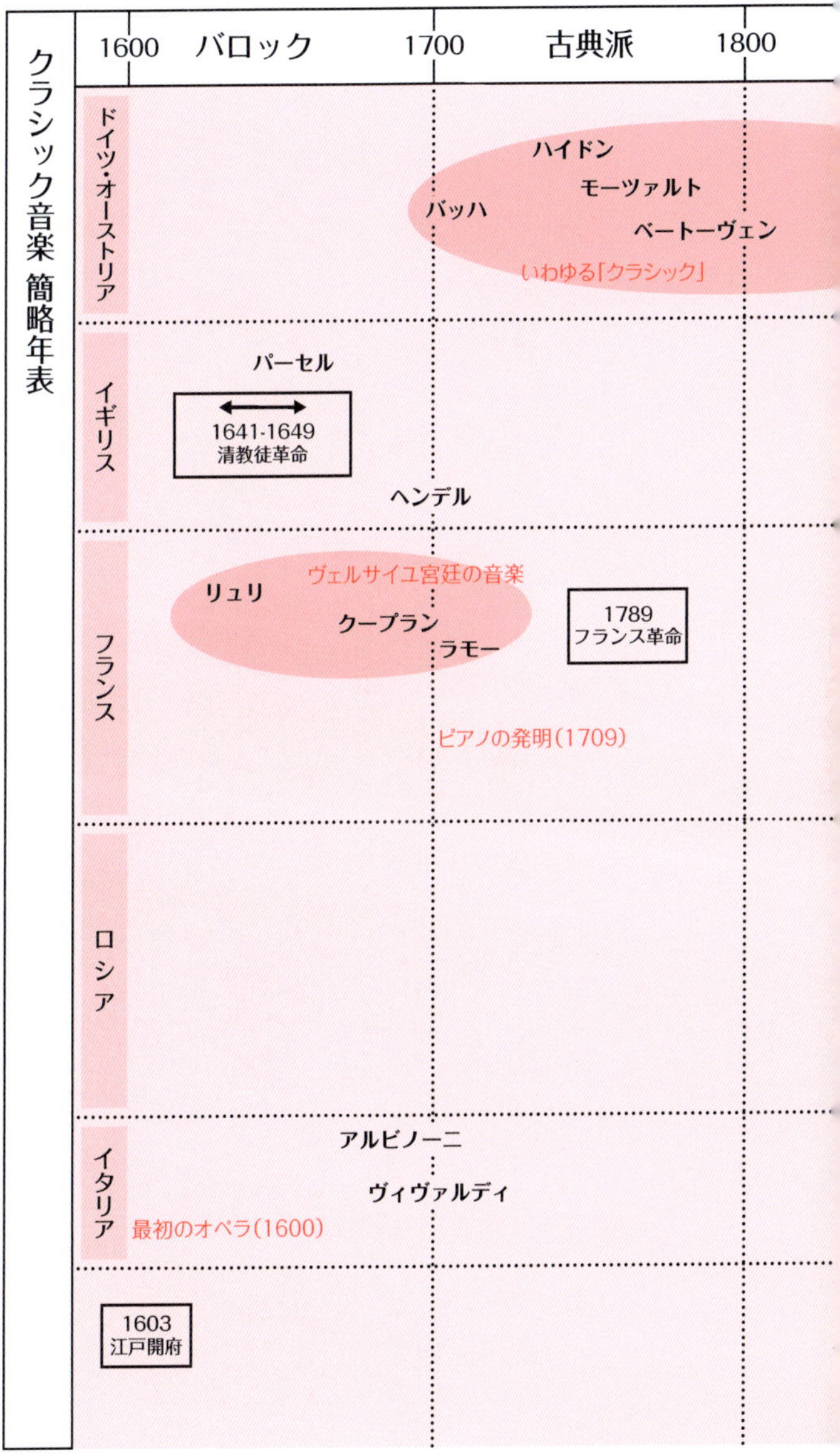
クラシック音楽 簡略年表
1600
バロック
1700
古典派
1800
ドイツ・オーストリア
ハイドン
モーツァルト
バッハ
ベートーヴェン
いわゆる「クラシック」
イギリス
パーセル
1641-1649
清教徒革命
ヘンデル
フランス
ヴェルサイユ宮廷の音楽
リュリ
クープラン
ラモー
1789
フランス革命
ピアノの発明(1709)
ロシア
イタリア
アルビノーニ
ヴィヴァルディ
最初のオペラ(1600)
1603
江戸開府

マリー・アントワネットを気取って（文：高野麻衣）

はじめまして、高野麻衣です。この本では、ルネがセレクトした音楽の解説を担当するほか、ここから九回にわたって、暮らしのなかでもっとクラシックを楽しむための「スタイリング」をコラム形式でご紹介します。

私はクラシック音楽雑誌の編集部に勤務したあと、フリーになるときに「乙女のクラシック」というテーマを掲げました。尊敬するルネがスタートしたラ・フォル・ジュルネ音楽祭はもとより、映画や小説、少女マンガなどをきっかけに、クラシックの「敷居」の前までやってきた人たち（乙男も可）に、

「だいじょうぶ。クラシックはみんなが大好きな、おしゃれで美しいものでできているんだよ」

と教えてあげたかったのです。もちろん、オジサン目線のクラシック語

りにさようなら、という意味も大いにありました。
クラシックが、もともとは貴族の娯楽、美しい日々を彩るＢＧＭだったことを考えると、コンサートホールで息をつめ、身じろぎせずに聴かなければならない——そのうえで絶望や死への憧れ、演奏者の揚げ足取りで語らなければならない音楽ってなんだろう、と私はずっと考えてきました。もちろん、マナーがいらないということではありません。クラシックには音のダイナミズム——ピアニシモからフォルテシモまでの強弱や揺らぎがありますから、演奏会場で生まれる音を純粋に味わうためには静寂は必要なことだし、そうやってみんなで守った響きの経験を重ねていくことで、耳は「いい音楽」を知ることができる。そして、「いい音楽」がわかること、それを語り合うことは、絶対楽しいはずだからです。

　私が釈然としないのは、そのような理由が語られずに「クラシック＝静かに！」「クラシック＝難解なことを話すエリートのもの」とい

ラ・フォル・ジュルネ・オ・ジャポン「熱狂の日」音楽祭
2005年から東京国際フォーラムと丸の内一帯で開催されている、クラシック音楽祭。ゴールデンウィークに世界各国から音楽家が集結し、その年のテーマに沿った400あまりの公演が繰り広げられ、毎年80万人を集客。チケットは1500〜3000円程度。http://www.lfj.jp/

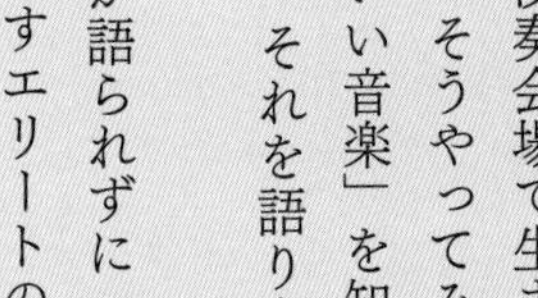
©久保靖夫（Yasuo Kubo）

うイメージが一人歩きしているせいで「クラシック＝お勉強」というレッテルがどうしても外せないことです。どんなに話のわかるお友だちと話していても、クラシックとなると「そろそろ始めてみたいけれどね」と一歩引かれてしまう残念な経験がたくさんあります。

そんなとき、私が友人に薦める一枚が、映画『マリー・アントワネット』のサウンドトラックです。ソフィア・コッポラが音楽にこだわる監督であることは有名ですが、このサントラほど、私とクラシックの関係性を体現してくれるものは、いまだ出てきません。

この映画で彼女は、歴史大河ドラマにありがちなオリジナルの「クラシック風」をいっさい使わず、マリー・アントワネットの時代を彩ったフレンチ・バロックのオペラやヴィヴァルディの協奏曲、逆に現代音楽家ダスティン・オハロランのピアノ曲、そしてニューロマンティックのロックをまぜこぜにして、ラデュレのお菓子やマノロ・ブラニクの靴や、パステルの色彩があふれるような映像と同様の「ファン

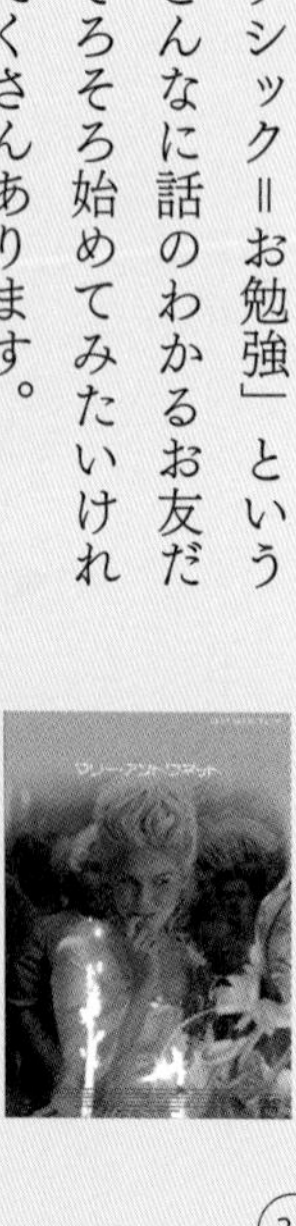

映画『マリー・アントワネット』通常版DVD
発売元：東北新社
3990円（税込）
ソフィア・コッポラ（監督）、キルスティン・ダンスト（主演）

タジー」をつくりあげているのです。私はこういう、まぜこぜの感覚が大好き。

まぜこぜなのに、凡百のコンピレーション・アルバムとは違う高い完成度はどこからくるのか。その秘密は、ソフィア・コッポラ——あるいは彼女がイメージするおしゃれリーダー、マリー・アントワネットが絶対的中心にいるセレクトだからこその、統一感だと思うのです。マリーは大仰《おおぎょう》で深刻な曲よりも可憐《かれん》なチェンバロの曲が好き。歌うのが好きだから、オペラも好き。でも生まれながらのお姫様だから(当時としてはアヴァンギャルドだった)モーツァルトは聴かない。悲しみは、穏やかなマンドリンの調べで癒《いや》す。

「私が中心にいて、私の日々を彩るために、私が選ぶ」

これこそが、クラシックの聴き方の原点。ほら、だから何も、お勉強をする必要はないのです。

もちろん、自分にぴったりの音楽を選ぶには、たくさんの作品を知っておいたほうがいいに決まっています。でも、年表や楽典とにらめっこしなくてもいい抜け道がいくつもあります。

まずはこの本や、『マリー・アントワネット』のようなすぐれたコンピレーション・アルバムを使って、好きな時代（バロック、フランス近代など）や作曲家、音楽の形式や楽器（オペラ、弦楽四重奏曲、ピアノ曲など）といった「マイテーマ」を見つけます。そしてそれをどんどん追いかけていくのです。最初は雰囲気の好きなコンピレーションでいい。ジャケ買いをしてもいい。そのうち心惹《ひ》かれるアーティストが見つかったら、その人のコンサートに行ってみるのもいい。より身近な娯楽として、音楽や作曲家が生き生きと描かれたマンガや映画なども、あなたと出会うのを待っています。

Chapitre 1

ある金曜日

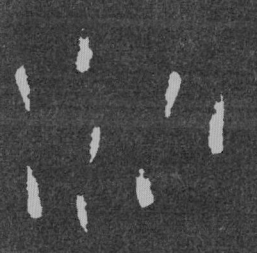

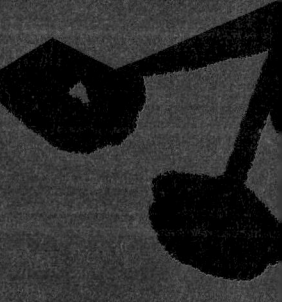

晴れた朝、窓を開けて

ロドリーゴ
4台のギターと管弦楽のための「アンダルシア協奏曲」〜第1楽章
Joaquín Rodrigo
Concierto Andaluz

太陽の楽器、それこそがギター

音楽をかけた瞬間、開け放った窓から入り込む日差しと、心地よい初夏の風を感じないだろうか。「アンダルシア協奏曲」は、名ギタリストのセレドニオ・ロメロの「三人の息子と共演できる作品を」という依頼に基づいて、ロドリーゴが作曲したものだ。アンダルシアという地名から想起されるとおりの、みずみずしい光の音楽。この曲ほど光にあふれた音楽は、そう簡単には見つからないだろう。

ギターが奏でる主題のメロディはつねに弾んでいて、生きる喜びを高らかに歌っているよう。スペインの人はよく「ギターは太陽の楽器だ」と語るが、さもありなんと思える。音楽を聴きながら、オレンジをしぼって卵を焼いて——最高の一日が送れそうな気分だ。

作品メモ

ヴィクトル・アレッサンドロ（指揮）／ロメロ・ギター四重奏団、サンアントニオ交響楽団
ユニバーサル ミュージック
UCCP-9471
¥1,500（税込）
※現在生産を終了しているため、入手困難な可能性があります。

十九世紀後半から二十世紀にかけて、多くのスペイン人音楽家がパリに勉強にやってきて、その気風に刺激を受けたフランス人音楽家がスペイン音楽に傾倒する、という刺激的な時代がありました。

パリで学びヨーロッパで活躍したスペイン人は枚挙に遑《いとま》がなく、「スペイン交響曲」のラロや「ツィゴイネルワイゼン」のサラサーテ、「三角帽子」のファリャ、ロマンティックなピアノ曲で有名なグラナドスやアルベニスなどがいます。そういえばモーリス・ラヴェル、フランスの代表的作曲家として知られている彼も、じつは両国の国境であるバスク地方出身（母はスペイン系バスク人）です。

ロドリーゴ（Joaquín Rodrigo、一九〇一〜一九九九［スペイン］）もまた、二十世紀初頭にパリで音楽を学びました。本人はピアニストであり、ギターは演奏しませんでしたが、スペイン人ならではの「ギターの心」はしっかりとつかんでいたのでしょう。

朝の日課を楽しむ

サラサーテ
カルメン幻想曲
Pablo de Sarasate
Carmen Fantasy, Op.25

キラーチューン満載のポップス・クラシック

朝一番に聴く音楽には、とびきり気を遣いたい。なぜなら、耳から入る情報は知らず知らずぼくらの感情を支配して、一日の気分を左右してしまうから。できることなら、朝は悲しいニュースより、美しいお気に入りの音楽を聴いていたいものだ。シャワーや洗濯、朝食といった朝の日課の傍《かたわ》らに、こんな曲を流してみてはどうだろう。

この「カルメン幻想曲」は、ヴァイオリンの名手だったサラサーテが、ビゼーの大ヒット・オペラ《カルメン》からキラーチューンだけを抜粋、凝縮し、ヴァイオリンの演奏会用にまとめた作品だ。冒頭の静かな躍動から、おなじみハバネラやセギディーリャのダンス音楽を経て、終盤の大迫力へ。リズミカルだから、仕事もはかどるはず。

イヴァン・フィッシャー（指揮）／諏訪内晶子、ブダペスト祝祭管弦楽団
ユニバーサル ミュージック
UCCD-50013
¥1,800（税込）

作品メモ

続いてもスペインがらみの音楽。《カルメン》はビゼー（Georges Bizet, 一八三八〜一八七五［フランス］）によって作曲されたフレンチ・オペラですが、スペイン・セビーリャを舞台に兵士ドン・ホセとジプシー女カルメン、そして闘牛士エスカミーリョの、運命的な三角関係が描かれます。カルメンが歌うハバネラやセギディーリャのようなスペイン舞曲が多く取り入れられ、フランス音楽の洗練とほどよく混じり合い、不思議な異国情緒にあふれています。

この人気オペラの聴きどころを十分弱の幻想曲にまとめたのが、本国スペインからやってきたサラサーテ（Pablo de Sarasate, 一八四四〜一九〇八［スペイン］）。「ヴィルトゥオーソ（超絶技巧）」と呼ばれた十九世紀のスター・ヴァイオリニストです。世界じゅうを演奏旅行してまわり、テクニックを駆使した小品を数多くつくりました。

パリへの憧れ（文：高野麻衣）

エッフェル塔に凱旋門。優美な街並みにはオープンテラスのカフェ。たくさんの美術館と、モンマルトルの古書舗《ほ》。シックなパリジェンヌ。そして夢のように美しいお菓子――。女の子はいつだって、一度はパリに憧れるもの。ルネ・マルタンのおしゃべりが私たちを魅了する理由も、その人柄はもとより、フランス語の響きを抜きにしては語れません。

フランスのクラシック音楽と言われて思い浮かべるものって何でしょうか。考えてみると多彩です。ヴェルサイユの宮廷で流れていた優雅なバロック音楽（リュリ、クープラン、ラモーなど）も、十九世紀パリのサロン音楽（ショパン、リストなど）やオペラ（オッフェンバック、ビゼーなど）も「これぞフランス」の洒脱《しゃだつ》な響き。絵画と同じように「印象派」と呼ばれた二十世紀初頭の音楽家たち（ドビュッシー、ラヴエルなど）も、独特のおしゃれな佇《たたず》まいに人気があります。

マンガで紹介されてこの方、コンセルヴァトワールの名までよく知られているフレンチ・クラシックですが、しかし「音楽の都ウィーン」やベートーヴェンほどの認知度はありません。それというのも十九世紀後半、日本が「西洋音楽」としてクラシックを輸入したとき、そのリーダーがもっぱらドイツだったからです。

フランスでも同時期、ドイツ音楽の嵐が吹き荒れていました。ヨーロッパじゅうを熱狂させた、ワーグナーの大流行です。フランクはそんなドイツ・ロマン派の影響を受けながら「フランキスト」と呼ばれる独自の音楽の一派を生み、サン＝サーンスはそれを発展、フランスの近代音楽の基礎を生み出します。そしてフォーレは、古典的な美しい響きを守りながら、コンセルヴァトワールの院長として革新派の面々を輩出しました。

一八七〇年、フランスがプロイセン（現代のドイツ）との戦争に敗

サン＝サーンス：組曲《動物の謝肉祭》
サン＝サーンスの、カラフルで遊び心のある音楽が伝わってくるようなデザインにジャケ買いしてしまった。現代フランスのスター・アーティストが勢ぞろい。
TOCE-55611
EMI ミュージック・ジャパン
2800円（税込）
メイエ、カプソン兄弟、パユほか

北すると、フランスの音楽家たちのなかにもドイツ音楽への反発が生まれていきます。

「ワーグナー（＝ドイツ）の呪縛《じゅばく》から自由になり、フランスの音楽を生み出そう！」

こうして二十世紀のはじめに実を結んだのが、フランス独自の印象主義音楽です。ドビュッシーにラヴェル、そしてエリック・サティ。加えて、先に触れたとおり隣国から文化の先端を目指してやってきたスペイン人音楽家たちや、革命に揺れるロシアから逃れた音楽家たちが集まって、フランス音楽は華やかな時代をむかえます。サティの前衛音楽やロシア・バレエ団とストラヴィンスキーのコラボレーションは、フランス六人組——デュレ、オネゲル、ミヨー、タイユフェール、オーリック、プーランク、そして現代のミュージシャンにも大きな影響を与えました。

ボーダーを越えて影響し合ったのは、なにも国境の話ばかりではあ

プロコフィエフ&ラヴェル：ピアノ協奏曲
人気ピアニスト、マルタ・アルゲリッチの代表作、ラヴェルの協奏曲。
UCCG-4662
ユニバーサル ミュージック
1600円（税込）
クラウディオ・アバド（指揮）、マルタ・アルゲリッチ

りません。音楽家たちは同時代の画家や作家、詩人、演劇人、ダンサーやデザイナーたちとも交流し、カフェや酒場に集まり、アートのゆくえを語り合い、刺激し合い、新しい作品を生み出していきました。私がこのフランス近代音楽を「マイテーマ」として愛しているのは、そんな時代背景が理由だったりします。

フランス近代音楽がお気に召したなら、まずは彼らのピアノ曲を、暮らしのなかで流してみてください。ドビュッシーの「前奏曲」や「月の光」（《ベルガマスク組曲》→P58）、ラヴェルのピアノ協奏曲（→P82）、サティの「ジムノペディ」（→P68）や「グノシエンヌ」（→P120）。彼らの曲はさりげなく流すことのできる洒落《しゃれ》っ気と、シンプルで美しい響きに満ちています。だからこそ、よく知られた名曲だけでなく、それが入った「曲集全体」も通して聴きやすいのです。自分だけのお気に入りを、きっと見つけることができるでしょう。

ジムノペディ〜サティ：ピアノ作品集
『シェルブールの雨傘』『ロバと王女』でおなじみ、映画音楽の巨匠ルグランによる、小粋なサティ。フランス語での朗読付き。
WPCS-21082
ワーナーミュージック・ジャパン
1050円（税込）
ミシェル・ルグラン（ピアノ）

掃除すら優雅に

バッハ

チェンバロ協奏曲第５番〜第２楽章（オーボエ版）

Johann Sebastian Bach

Concerto for Harpsichord, Strings, and Continuo No.5 in F minor, BWV 1056

このうえなくやさしい旋律

早起きして時間に余裕がある朝――いつもそうでありたいものだが、そんな朝はバロック音楽を流して優雅に過ごしたい。「バッハのアリオーソ」として知られるチェンバロ協奏曲第五番〜第二楽章のメロディは、名作カンタータ第一五六番のセルフ・カバーであるとも言われ、現在でもさまざまな楽器のために編曲されている。ゆったりとしたテンポに乗せて紡《つむ》がれるこのうえなくやさしい旋律、絶妙な装飾音、そして曲全体が見せる静謐《せいひつ》な佇まいに、だれもがたちまち惹かれてしまうからだ。人の少ない早朝、オーディオから流れるアリオーソを聴けば、掃除やジョギングすら優雅になるだろう。ここでは、朝らしい音色をもつオーボエのヴァージョンでご紹介しよう。

アルブレヒト・マイヤー、シンフォニア・ヴァルソヴィア
ユニバーサル ミュージック
UCCG-1211
¥3,059（税込）
※現在生産を終了しているため、入手困難な可能性があります。

作品メモ

この曲はヨハン・セバスチャン・バッハ（Johann Sebastian Bach、一六八五～一七五〇［ドイツ］）がライプツィヒで活躍したころ、ある独奏楽器のための協奏曲をつくり、それをチェンバロ協奏曲に編曲したものと言われています。先につくられたカンタータ第一五六番ではオーボエがオブリガート（助奏）を担当しているので、もしかしたらこのオーボエ協奏曲が、原曲に近いのかもしれません。

一九六〇年代のフランス映画『恋するガリア』のテーマ曲でもあり、当時パリで活躍していたアカペラ・グループ、スウィングル・シンガーズの美しいスキャットで一躍有名になったという逸話も。このグループの『Bach's Greatest Hits』などの作品には、音楽の授業で植えつけられた厳格なバッハのイメージを消し去ってくれる効果があります。

さあ、バーゲンセールへ!

ハチャトゥリアン
バレエ音楽《ガイーヌ》〜剣の舞
Aram Il'ich Khachaturian
Gayaneh - Sabre Dance

ソルドは決戦

大切なプレゼンやソルド（バーゲンセール）の朝。ある種の「決戦」へ赴《おもむ》くときには、特別な音楽が必要だ。ぼくはこの曲を、ソルドのテーマとして考えてみた。思い浮かべてみてほしい。あなたは憧れの店のソルドで、恋焦《こ》がれてきたスカーフを手に入れようと家を出る。最初から早足だ。到着すると店の前にはすでに行列。気持ちは急《せ》くばかり。いざ店内に入れば、同様の客であふれている。同じものを手に取っては「お先にどうぞ」と譲ったり、ちょっとしたデザインの違いに迷ってみたり。でも、これと決めたらレジへ進むのみ。ふたたび音楽はリズミカルになる——一連の動きが、躍動感のある音楽にスケッチされているようだ。

作品メモ

ワレリー・ゲルギエフ(指揮)／マリインスキー劇場管弦楽団
ユニバーサル ミュージック
UCCD-50028
¥1,800(税込)

まさに決戦のBGM。本来はハチャトゥリアン（Aram Il'ich Khachaturian，一九〇三～一九七八［ロシア］）のバレエ《ガイーヌ》の最終幕で、「クルド人が剣をもって戦いの踊りを踊る」場面に用いられました。野性的な生命力に満ちた音楽ですが、これはロシア（当時ソビエト連邦）の東方諸民族、なかでもハチャトゥリアンの祖国アルメニア、グルジアの民族音楽の影響と言われています。それらを下敷きに伝統的な西洋のオーケストレーションを採用することで、この強烈なインパクトが生まれたのです。

この〈剣の舞〉、《ガイーヌ》という作品を超えて知られる音楽が、じつは初演前日に作曲されたエクストラだったということはあまり知られていません。その日、戦いの場面が急遽追加されることになり、ハチャトゥリアンは徹夜で音楽を考えることに。このとき机を叩く音から生まれたのがこのリズム。言われてみると、音楽家の焦燥感が伝わってくるような気もします。

昼休み、カフェで試験勉強

ベートーヴェン
交響曲第7番〜第2楽章
Ludwig van Beethoven
Symphony No.7 in A, Op. 92

音楽が与えてくれる自信！

たとえば図書館やカフェに本をもちこんで、大切なテストの勉強に集中する。そんなときポータブルプレイヤーに入れておきたいのがこの曲だ。ノートを開いたら、第二楽章をプレイしよう。冒頭の深刻なメロディが否が応にも緊張感を高め、「しっかりやらなければ」と背筋が伸びるはず。やがて聴こえてくる高らかで神々しいメロディは、あなたのまっすぐな背中を力強く後押しし、揺るぎない自信を与えてくれる。

ベートーヴェンの九つの交響曲のなかで、もっともリズミカルで明るく、バランス感覚にすぐれた第七番。コンサートで演奏される機会ももちろん多い。生の音の迫力に触れてみるのにもぴったりだ。多くの人が認めるとおり、この作品は、間違いなくベートーヴェンの代表作といえるだろう。

カルロス・クライバー（指揮）／ウィーン・フィルハーモニー管弦楽団
ユニバーサル ミュージック
UCCG-4601
¥1,600（税込）

作品メモ

ご存知ルートヴィヒ・ファン・ベートーヴェン（Ludwig van Beethoven, 一七七〇～一八二七［ドイツ］）もまた、音楽室の難しい顔をした肖像画や難聴のエピソードなど忘れて楽しんでほしい作曲家の筆頭です。彼のロマンティックな内面、変わり者のキャラクターは、もっと女性にも見なおされていいはず！

交響曲第七番は、ベートーヴェン円熟期の名作。「運命」や「英雄」のようなタイトル（表題）がないにもかかわらず、いまや「ベト7」という愛称であらゆる人に親しまれています。

映画『愛と哀しみのボレロ』では、二十世紀を代表するバレエ・ダンサー、ジョルジュ・ドンが第四楽章をバックに踊っています。こちらもぜひ、チェックしたい作品です。

大至急！ 急いで！

ベートーヴェン
ロンド・カプリチオ
Ludwig van Beethoven
Rondo a capriccio in G, Op.129 "Die Wut über den verlornen Groschen" for piano

「なくした小銭への怒り」

昼休みからもどると、オフィスはてんやわんや。何かトラブルがあったようだ。そんなときも、ぼくは音楽を味方にする。

急いで何かに取りかからねばならないとき、大切なのはリズム。このピアノの小品は、冒頭から急速なト長調の進行。左手の連打がイライラと落ちつきない様子を連想させたのか、「なくした小銭（グロッシェン）への怒り」というニックネームまでついている。もちろんベートーヴェンはあずかり知らぬことだが、コーヒー好きだった彼が「グロッシェン・コインが足りなくてコーヒーが買えない！」と怒っているところなどを想像すると、おかしくなってしまう。そんな音楽の恩恵にあずかるぼくらは、決してイライラせず、さっさと仕事を片づけてしまおうじゃないか。

ジャンルカ・カシオーリ
ユニバーサル ミュージック
UCCG-4701
¥1,600（税込）

作品メモ

音楽にとって、言葉のイメージがいかに重大かを、思い知らせてくれる作品です。あのベートーヴェンがもっと身近に感じられるのではないでしょうか。かわいらしい曲の印象にもかかわらず、音階が高速で上がったり下がったり、転調もくりかえされるので演奏は至難の業《わざ》。しかし、知る人ぞ知るキャラクター・ピースへの人気は高く、とくに子どもたちには喜ばれるのだそうです。

自筆譜に書かれた正式な名称は、「ハンガリー風ロンド・カプリチオ（Rondo alla ingharese quasi un capriccio）」。「カプリチオ」はイタリア語で「気まぐれ」、音楽のジャンルとしては「奇想曲」と訳されることもあります。パガニーニの「二四の奇想曲」や、チャイコフスキーの「イタリア奇想曲」などがとくに有名です。

懐かしい友との再会

ヴォーン・ウィリアムズ
グリーンスリーヴズによる幻想曲
Ralph Vaughan Williams
Fantasia on Greensleeves

記憶のなかに思い出を探す

夕方になって落ち着いたころ、携帯電話のディスプレイが懐かしい名前を表示しているのに気づく。同郷の幼なじみか、学生時代の同級生か。待ち合わせて顔を合わせれば、そのような種類の友人とは途切れなく話が盛り上がるものだ。あんなことがあった、こんなバカもやった。ひとしきり笑い合ったあと、あなたのなかには懐かしい感情がよみがえる。二度ともどれない、輝かしいあの日々を想う。

ぼくがこの幻想曲を聴くたびに思い出すのは、こんな映画のような一場面だ。冒頭のフルートの響きは心の高鳴りを思わせ、記憶のなかに思い出を探しているようだ。その二十秒ほどあとに、よく知られた主題が始まる。思い出話のように懐かしいイギリスの古謡が、ぼくは大好きなんだ。

サー・ネヴィル・マリナー（指揮）／アカデミー・オブ・セント・マーティン・イン・ザ・フィールズ
ユニバーサル ミュージック
UCCD-2122
¥1,600（税込）

作品メモ

ルネ・マルタンは、ときに映画監督が絵コンテを切るように、音楽から想起される物語を組み上げていきます。この曲もその一つ。主題が現れたり、変化したりするたびに、そこからわきあがるイメージが起承転結を紡ぐ。そうすることで、「なんとなく好きな音楽」だったものが身近になっていくのです。

ヴォーン・ウィリアムズ（Ralph Vaughan Williams, 一八七二〜一九五八［イギリス］）は、十九世紀末から二十世紀のイギリス国民主義を代表する作曲家で、この幻想曲のようにイギリスの古謡をもとにした作品を数多くつくりました。有名なグリーンスリーヴズは十六世紀、シェイクスピアが活躍したエリザベス朝時代に生まれた流行歌で、「グリーンスリーヴズは私の魂だった。あなた以外にだれがいるだろうか」と失われた過去、愛を失った悲しみを歌っています。

電車内読書のお供に

ショスタコーヴィチ
ジャズ組曲第２番〜第２ワルツ
Dmitry Dmitriyevich Shostakovich
Jazz Suite No.2 - Waltz II

心地よい列車のリズムで

帰路、電車に揺られながら読書をする。そんなとき、ワルツのリズムはじつに理想的だ。このショスタコーヴィチの有名なワルツは、彼自身が書いた映画音楽「第二軍用列車」からのパラフレーズであり、そもそもが列車を想起しているのだろう。哀愁漂うサーカス団のようにノスタルジックなのに、どこか都会的でもある。

ショスタコーヴィチは、おもに交響曲や弦楽四重奏曲というジャンルで、戦争などをテーマにした暗く重い作品を多く発表した社会派作曲家として知られている節があるが、ジャズ組曲は、とても同じ作曲家が作曲したとは思えないほどに軽妙で洗練されている。あまりに心地よくなって、降車駅を乗り過ごさないように！

リッカルド・シャイー（指揮）／ロイヤル・コンセルトヘボウ管弦楽団
ユニバーサル ミュージック
UCCD-3530
¥1,600（税込）

作品メモ

二十世紀ソビエト連邦を象徴する作曲家ドミートリイ・ショスタコーヴィチ（Dmitry Dmitriyevich Shostakovich，一九〇六〜一九七五［ロシア］）。ジャズ組曲で多くの映画音楽をカバーしていることからもわかるとおり、「現代につながる時代を生きた」印象が強い人物です。じつはジャズ組曲、本来の第二番（一九三八年に作曲）は戦争によって消失し、二〇〇〇年になってピアノ総譜が発見されるまで内容は謎に包まれていました。

ここで紹介している第二番は一九五〇年に作曲されたものです。もともとのタイトルが「舞台管弦楽のための組曲」であるとおり、本来の「ジャズ」というよりも、サウンドトラックやホールでのダンス音楽のような「流行音楽」を指して「ジャズ」と呼んだようです。

くたびれた帰り道

チャイコフスキー
バレエ音楽《くるみ割り人形》〜金平糖の踊り
Pyotr Il'yich Tchaikovsky
Nutcracker Suite, Op.71a - Dance of the Sugar-Plum Fairy

ご褒美のような、甘いノスタルジー

メランコリックで優美な旋律、幻想的な物語性が持ち味のチャイコフスキー。彼は世界各国の民謡や舞曲に興味をもち、その特徴を採り入れるのも得意だった。この曲も、パリで発明されたばかりの鍵盤楽器チェレスタの音を聴き、インスピレーションを受けたことから誕生したという。チェレスタの、決して主張しすぎない透明な響きと不思議な旋律は、あなたをやさしくおとぎの国へと誘《いざな》う。

四分の二拍子。密《ひそ》やかな弦のピチカートに乗って、ドラジェの精が愛嬌《あいきょう》のあるダンスを踊りはじめる。しゃぼん玉のようにあふれだして上りつめ、消えたかと思うと、今度はオクターヴ音を上げてまた踊り出す。なんともかわいらしい、幻想的な音楽だ。仕事の疲れなど、家につく前に忘れてしまおう。

ワレリー・ゲルギエフ（指揮）／マリインスキー劇場管弦楽団
ユニバーサル ミュージック
UCCD-2120
¥1,600（税込）

作品メモ

壊れてしまったくるみ割り人形をやさしくいたわると、人形は王子様に変身し、おとぎの国へと案内してくれたのです――幼いころの絵本や、バレエの発表会で親しんだ、クリスマスの夜の夢の物語。《くるみ割り人形》は、女の子の憧れそのものです。

おとぎの国の踊りとして使われている曲などが八曲選ばれて組曲となっており、これもその一つ。原題は「ドラジェの精の踊り」。このドラジェ、フランスの結婚式で贈られる砂糖菓子。

作曲したピョートル・イルリチ・チャイコフスキー（Pyotr Il'yich Tchaikovsky, 一八四〇～一八九三〔ロシア〕）は十九世紀のロシアを代表する作曲家。当時踊り手を引き立てるための「伴奏」でしかなかったバレエ音楽を、芸術性豊かな「音楽」として生まれ変わらせた功労者といえるでしょう。

バレエ・リュス〈ロシアのバレエ〉（文：高野麻衣）

ロシアの影響がパリに大きくもたらされたのは、一九二〇年代初頭。革命によって故国を追われた貴族や芸術家が続々とフランスに逃れ、この時期、パリジャンたちはロシアに心を奪われました。たとえばココ・シャネルも、バレエ・リュスやストラヴィンスキーの音楽を熱狂的に受け入れた一人でした。

バレエ・リュスがダークで刺激的な前衛暗黒乙女美学の極みである一方、ロシアはいわゆる懐かしいフォークロア・テイストとしても愛されています。刺繍《ししゅう》入りのネッカチーフやマトリョーシカに象徴される「森」的アイテムが好きな人なら、チャイコフスキーで決まり。彼のバレエ音楽は、だれがなんと言おうと乙女の必須科目なのです。

チャイコフスキーがいちばんはじめに着手したバレエ音楽は、四幕仕立ての《ゾリューシカ（シンデレラ）》でした。これは残念ながら未

映画『シャネル&ストラヴィンスキー』（2009年フランス）
洗練された映像美を楽しみながら、ストラヴィンスキーの音楽の衝撃がわかる秀作。シャネルとのスキャンダルはフィクションだが、男前な彼女から目が離せない。
配給：ヘキサゴン・ピクチャーズ
ヤン・クーネン（監督）、マッツ・ミケルセン（主演）、アナ・ムグラリス（主演）

完に終わりましたが、続く《白鳥の湖》《眠れる森の美女》《くるみ割り人形》が、だれもが知る名作となったのはご存知のとおり。

チャイコフスキーのバレエ音楽は完璧なまでに美しい存在ですが、バレエという芸術においては、演出家の意図などによりときに削られ、ときに差し替えられ、場合によってオリジナルの部分は四分の一にも満たないという事態もありうるそうです。元の幻想あふれる音楽を純粋に愉《たの》しむ場合は、バレエ公演やコンサート向けの組曲版ではなく、原典（オリジナル）による全曲録音をどうぞ。

寒い季節がやってきたら、美しく、ちょっぴりゴシックロマンなイラストや写真の入ったオーディオブックを開いてみてはいかがでしょう。暖炉に見立てたヒーターの前を陣取って、ばらのジャムをたらしたロシアンティーを片手に。

絵本つき クラシックドラマCD チャイコフスキー：くるみ割り人形

ドイツの名門オーケストラと、日本が誇るトップ・クリエイターがコラボレーションしたオーディオブック。鈴木康司による装丁も、耽美でゴシック。

TOCE-56367

EMIミュージック・ジャパン

4300円（税込）

サイモン・ラトル（指揮）ベルリン・フィルハーモニー管弦楽団（合唱：リベラ）、石田彰、釘宮理恵

明日は休日。
バスタイムもゆったりと

モーツァルト

ディヴェルティメント第17番〜第3楽章

Wolfgang Amadeus Mozart

Divertimento in D, K.334

王妃様の気分で

休日前の夜は、考えごとをやめて、ゆったりとした音楽を聴きながら温かいお風呂に浸《つ》かりたい。ひたすら美しく、愉しい音楽。それならばモーツァルトに決まりだ。

愛らしいメヌエットが添えられたこの作品は、全部で二〇曲ほどあるディヴェルティメントのなかでももっとも有名なものの一つ。全体的に明るくキラキラしたメロディが続き、洗練されたパリ風の華やかさもある。ディヴェルティメントは王侯貴族のためのBGM。週末の優雅な時間のお供として、じつにふさわしい。風呂上がりのお茶も、肌のお手入れも、まるで王妃マリー・アントワネットの気分で愉しめるだろう。

作品メモ

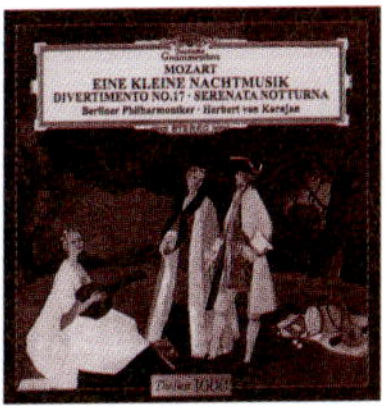

ヘルベルト・フォン・カラヤン（指揮）／ベルリン・フィルハーモニー管弦楽団
ユニバーサル ミュージック
UCCG-5009
¥1,000（税込）

颯爽《さっそう》登場モーツァルト。ルネ・マルタンが愛する作曲家の一人です。ヴォルフガング・アマデウス・モーツァルト（Wolfgang Amadeus Mozart, 一七五六〜一七九一［オーストリア］）についてはもはや説明の余地もないほどですが、この本を通して「ああ、これもモーツァルトの音楽なのだ」という発見や出会いがあれば幸いです。

ディヴェルティメントは明るく楽しい曲調が特徴で、貴族の宮殿で奏でられました。ステージ・パパ、レオポルドに連れられ、幼いころからヨーロッパじゅうの宮殿を演奏旅行してまわったモーツァルト。ウィーン郊外のシェーンブルン宮殿では、ハプスブルク帝国の女帝マリア・テレジアへの御前演奏の際に転んでしまい、助け起こしてくれたマリー・アントワネットにプロポーズしたという逸話が有名です。二人がほぼ同い年ということを知ると、音楽のイメージも豊かになりますね。

爪に塗ったマニキュアを乾かしながら

ショパン
パガニーニの思い出
Frédéric François Chopin
Souvenir de Paganini

ピアニシモがもつ繊細な色彩

ショパンのピアニシモがもつ繊細な色彩を、なんと表現すればよいのだろう。故郷で天才ヴァイオリニストの音を聴いた、その激しい感動すら、十九歳の彼はこのようなやさしい変奏曲として再生してしまう。驚くべき感性。

とても静かで、穏やかな音楽だ。優雅に自分をいたわった仕上げとして、マニキュアを塗ったりするときに、こんな音楽を流してほしい。キュッと小さな瓶の蓋《ふた》を開け、爪に刷毛《はけ》を滑らせる。静かに、静かに。塗り終わってからもしばらくじっと座って、本などめくりながらエナメルが乾くのを待つ。ショパンのピアノ曲とともに、静かに、静かに、夜がふけていく。

作品メモ

ヴラディーミル・アシュケナージ
ユニバーサル ミュージック
UCCD-9782
¥1,200(税込)
※限定版での発売のため、入手困難な可能性があります。

モーツァルトが恋人ならば、ショパンはさしずめ遠くから眺める憧れの人。しかしそんな彼もまた、ステレオタイプな「ピアノの詩人」像に押し込められている音楽家の一人です。

フレデリク・ショパン(Frédéric François Chopin, 一八一〇～一八四九「ポーランド→フランス」)はもちろん、十九世紀のロマンティックなサロン風ピアノ曲でいまも昔も人気ですが、多くの同時代の音楽家と交流し、また音楽を通して影響を与え合っていたことはあまり知られていません。有名なフランツ・リストとのライバル関係はもちろん、名ヴァイオリニストのニコロ・パガニーニから受けた影響も大きく、「革命のエチュード」などを生み出す原動力となっています。そうした側面からショパンの曲を聴いてみるのもまた一興。

この小品ではパガニーニのヴァイオリン協奏曲「ヴェネツィアの謝肉祭」の主題のカバーでありながら、すでにショパンらしい音楽性が垣間《かいま》見えます。

ふと思い立ち、手紙を書く

シヨパン
《ポーランドの歌》～春（ピアノ独奏版）
Frédéric François Chopin
Wiosna (*Spring*), *Op.74 No.2*

光はきらめき、花々は美しい

真夜中、手紙を書きたくなるときがある。日記でもいい。そんなときぼくならば、この曲を流すだろう。歯車のような伴奏に乗せて、紡がれる懐かしいメロディ。淡々とした曲調が、集中力も高めてくれる。

春を歌っているはずなのに、こんなにも寂しいのはなぜだろう。ショパンの歌曲にはいくつか春を題材としたものがあるのに、どれも翳《かげ》りを帯びた短調の音楽になっている。歌の最後には、ヒバリが鳴きながら空高くへと飛び去っていくのだ。光はきらめき、花々は美しい。だからこそ感じる孤独というのは、たしかにあるのかもしれない。そんな思いを胸に、文章を紡いでいく。あまりセンチメンタルになりすぎて、翌朝手紙を破ってしまわぬよう、注意しなくてはね。

作品メモ

これもまた知られざる、ショパンの「歌曲」の世界。この「春(Wiosna)」はポーランドの詩人ステファン・ヴィトヴィツキの春の歌に、すでにパリで活躍していたショパンが曲をつけたものです。

「美しくて、すてきな牧場よ／瞳は喜びに満ちて見渡す／香り立つ花たちのまわりを／花咲く茂みのまわりを」「私は岩陰に腰掛けて／大好きな、優しい歌を／ひとり口ずさむとしよう」「(ヒバリの)その飛翔はあまりに速く／目にはほとんど捉えられない／高く、より高く／雲の中へと消えて行く」(藤井宏行訳・中略)。

美しい悲しみをたたえたこの曲は、ショパン自身も気に入っていたようでピアノ独奏曲にしています。また、同様にリストも「六つのポーランドの歌」の一つとして、ピアノ編曲を行っています。

休日の朝、気持ちのよい二度寝に

ドビュッシー
《ベルガマスク組曲》～月の光
Claude Debussy
Suite bergamasque - Clair de lune

日常に非日常をもたらす魔法

休日の早朝は、あえて二度寝をしてみる。カーテンからもれてくるかすかな明かりを月の光に見立て、ステレオの音を低く流し、音楽とともに眠りの国へ旅立つ――とても贅沢《ぜいたく》な行為だ。だからぼくはこの曲を、夜ではなく、朝の音楽として紹介したいと思った。そういう型破りな聴き方もいいだろう。音楽は、日常に非日常をもたらしてくれる魔法のようなものだからだ。

幼いころ、ひもを引っ張るとオルゴールの音が流れる熊のぬいぐるみをもっていた。音楽はこの「月の光」だった。この曲を聴くといまでも、何かに守られているようなやさしい気持ちになる。こんな音楽との出会いが、あなたにも訪れますように。

作品メモ

ジャン=イヴ・ティボーデ
ユニバーサル ミュージック
UCCD-50055
¥1,800（税込）

クロード・ドビュッシー（Claude Debussy, 一八六二〜一九一八［フランス］）は、フランス近代を代表する音楽家です。ルネ・マルタンも幼いころからこうしたフランス音楽に身近に接してきたのでしょう。オルゴールのすてきなエピソードのほかにも、飼い猫の名前が「ドリー」だったり（フォーレのピアノ組曲で、二曲目のタイトルが「mi-a-ou」という猫の鳴き声になっている）、枚挙に遑がありません。

「月の光」は、一八九〇年ころに作曲された《ベルガマスク組曲（全四曲）》のなかの一曲です。「ベルガマスク」とは北イタリアのベルガモ地方を表しますが、おそらくイメージソースの一つというほどの意味なのでしょう。ドビュッシーの音楽には「牧神の午後への前奏曲」「亜麻色の髪の乙女」「喜びの島」、そして「昔のロス伯爵家の人々の行進曲」「家のない子のクリスマス」など、タイトルから想起させる豊かなイメージをもつものが多いのです。

Chapitre 2

クラシック歳時記

春、動物園。ペンギンのよちよち歩きを見ながら

モーツァルト

オペラ《魔笛》～パ、パ、パ、パパゲーナ

Wolfgang Amadeus Mozart

Die Zauberflöte, K.620 - Pa-Pa-Pa-Pa-Pa-Pa-Papagena!

春の日差しのような、魔法の音楽

もったりしたペンギンの足どり、羽をばたばたさせるような様子から思い出したのが、この「パ、パ、パ」でおなじみの二重唱。モーツァルトのおとぎ話のようなオペラ《魔笛》のなかでも、もっとも愛らしい場面である。

パパゲーノは、鳥を捕っては夜の女王の宮殿に届けるのが生業だ。ちょっとした行きがかりで主人公タミーノ王子のお供をすることとなる。飲むこと、食べることが大好きでお調子者のパパゲーノは大活躍するが、冒険の試練に耐えることができなかったので、ご褒美はもらえない。絶望し、首でも吊ろうかというとき、恋人パパゲーナと再会し大団円。春の日差しが似合う、陽気な音楽だ。

作品メモ

サー・ゲオルグ・ショルティ（指揮）／ヘルマン・プライ、レナーテ・ホルム、ウィーン・フィルハーモニー管弦楽団
ユニバーサル ミュージック
UCCD-4540/2
¥3,600（税込）

《魔笛》はモーツァルトの最後のオペラで、三十五年という短い生涯の最後の年に作曲されました。王様や宮廷貴族が対象だったそれまでのオペラと違い、《魔笛》はシカネーダーという興行師の依頼で、彼の劇場で上演する民衆相手のためのオペラとしてつくられました。メルヘン仕立ての物語にはつじつまの合わないところも多く、話をもちかけられたとき、モーツァルトはシカネーダーに「作曲がうまくできなくてもぼくのせいじゃないよ。魔法の音楽なんて、書いたことがないんだから」とうそぶいたといいます。

しかし、もしかしたら、このうえなく高貴な音楽と支離滅裂な台本とのアンバランスこそが《魔笛》の魅力なのかもしれません。子どもの書いた下手くそな鳥の絵が、魔法使いの杖のひと振りでたちまち飛び立ってしまう。そんな魔法を、たしかにモーツァルトの音楽がもっていたのでしょう。

5月、友だちを家に招いて

ベートーヴェン

ヴァイオリンと管弦楽のためのロマンス第2番

Ludwig van Beethoven

Violin Romance No.2 in F, Op.50

猫も陽だまりでまどろんでいる

五月は新緑の季節で、木々のあいだから吹いてくる風の香りも、夏が近いことを感じさせる。こんな季節には、親しい人を家に招いて、ランチやお茶を愉しみたいものだ。よく晴れた日には、ベランダやテラスにテーブルを出すのもいい。テーブルの上にはマリアージュ・フレールの紅茶と、おいしいチョコレートケーキ。猫も陽だまりでまどろんでいる。

ベートーヴェンがヴァイオリンとオーケストラのために書いた「ロマンス」は、こんな場面にふさわしい、深い博愛精神に満ちた音楽だ。みんなといっしょにいられてうれしい。ぼくはなんて幸せなんだろう。そんな思いでいっぱいになる。ほんとうの友だちといっしょのときにこそ、味わってほしい。日常をよく見渡せば、ロマンスは、そこかしこに転がっている。

チョン・ミュンフン（指揮）／チョン・キョンファ、フィルハーモニア管弦楽団
ユニバーサル ミュージック
UCCG-4546
¥1,600（税込）

作品メモ

「ロマンス」は、特定の楽曲形式ではありませんが、声楽器楽を問わず叙情《じょじょう》的な音楽に好んで用いられるタイトルです。ベートーヴェンは生涯に「ロマンス」を二曲作曲していますが、ここでは甘く口当たりのよいイチゴのような第二番をご紹介。さわりを聴いただけで、「ロマンス」であるゆえんはすぐにわかるはずです。

どことなくヴァイオリン・ソナタ「春」の第一楽章を思い起こさせますが、ベートーヴェンは、こうした流れるような旋律を、好んでヴァイオリン曲に用いたようです。もちろんベートーヴェンのこと、曲が進むにつれて青春の悩みのような激しさも垣間見えますが、それを含んでこそ、音楽からにじみ出る深いやさしさが際立ってくるのでしょう。

梅雨。傘をさしながら あじさいの名所の寺を訪れる

ベートーヴェン

ピアノ、ヴァイオリンとチェロのための三重協奏曲〜第２楽章（ラルゴ）

Ludwig van Beethoven

Concerto for Piano, Violin and Cello in C, Op.56

洋の東西を越えて

ラ・フォル・ジュルネを東京で開催するようになってからこのかた、日本各地を訪れるようになったぼくだが、毎回時間がとれず、ゆっくりと寺院などを見てまわることはできないでいる。もしもそんな散歩ができたなら、この「トリプル・コンチェルト」のような音楽で心を満たし、静謐な時間を愉しみたいものだ。

日本の景観ならば日本の音楽を、と形式にとらわれることはない。「クラシック」は洋の東西、芸術のジャンルを越えて普遍的なものであり、取り合わせによっては思わぬ相乗効果を生み出す。しっとりと雨に濡れた美しい花々も、ベートーヴェンの息吹で輝いて見えてくるだろう。

作品メモ

ヘルベルト・フォン・カラヤン（指揮）／アンネ＝ゾフィー・ムター、マーク・ゼルツァー、ヨーヨー・マ、ベルリン・フィルハーモニー管弦楽団
ユニバーサル ミュージック
UCCG-2028
¥1,800（税込）

ピアノとヴァイオリン、そしてチェロという三つの楽器を主役にした協奏曲なので、通称「トリプル・コンチェルト」。協奏曲（コンチェルト）とはふつう、ピアノやヴァイオリンなど一つのソロ楽器と、オーケストラが「協演」して「奏でる」音楽です。ステージの上で指揮者とソロ楽器のアーティスト（ソリスト）が並んであいさつをする光景を見たことがあるのではないでしょうか。「トリプル・コンチェルト」は、このソリストが三人の豪華版というわけです。

それだけに、今日では演奏される機会が少なくなってしまいましたが、ルネ・マルタンが選んだ第二楽章「ラルゴ」は、まさに隠れた名曲です。もしもこのコンチェルトを聴く機会があったなら、心をまっさらにして、臆せずに出かけたいもの。三人のソリストが一堂に会することだけでも出会いの奇跡なのですから。

夏休み、水族館。大きな水槽の前で魚の群れを眺める

サティ（ドビュッシー編曲）
ジムノペディ第1番（管弦楽版）
Erik Satie
Gymnopédie No.1

二人の距離を縮める、やさしい響き

美しい魚たちが泳ぐ大きな水槽の前に、あなたは恋人と二人で立っている。バカンスシーズンの街は暑く、にぎやかだったが、館内は静謐に満ちている。四分の三拍子のゆったりとしたテンポに、独特の愁《うれ》いを帯びた旋律が重なる。サティの旋律だ。やさしさに満ちている。はじめてのデートに緊張していた体がほぐれ、はにかみながらも相手に近づきたい思いがつのる。曲が終わるころ、二人の距離は少しだけ縮んでいるはずだ。

作品メモ

フランスのベル・エポックを彩った作曲家エリック・サティ（Erik Satie, 一八六六〜一九二五［フランス］）の作品は、初期の代表作から、「あなたがほしい（ジュ・トゥ・ヴ）」など酒場のピアニスト時代の

サー・ネヴィル・マリナー（指揮）／アカデミー・オブ・セント・マーティン・イン・ザ・フィールズ
ユニバーサル ミュージック
UCCD-2122
¥1,600（税込）

甘く毒のあるシャンソンまで、大部分がピアノ曲で占められています。ジムノペディはなかでも、もっとも広く愛されている音楽ではないでしょうか。テンポの遅い三拍子。これ以上ないほどのシンプルさ。しかし、その単純明解な構成のなかに隠された、揺れるようなメロディと淡いグラデーションのような響きは、異端と呼ばれたサティのひらめきをよく表しています。

　タイトルの「ジムノペディ」は、古代スパルタのディオニソス祭にまつわる「裸の踊り（ジムノペディア）」からとられたもの。「ひねくれもので表舞台に出たがらないサティの音楽を世間に知らしめたい」と考えた友人ドビュッシーによって、オーケストラ用に編曲されました。二人の友情の結晶ともいえる管弦楽版には、ピアノとは違う深い味わいがあります。聴きくらべてみると、たしかに水族館にはこちらかも、と思えるきらきらした音の泡立ちに驚くはず。

陽気な花火大会

ベートーヴェン
劇音楽《アテネの廃墟》～トルコ行進曲
Ludwig van Beethoven
The Ruins of Athens, Op.113-Turkish March

花火のきらめきとともに

七月はまるでパラダイスのよう。そのパラダイス気分がどこからくるのかというと、たとえば、青々とした芝生の庭と、その庭に咲き誇るバラやスイートピーやベゴニアなどの花々だろう。十四日にあるパリ祭がとくに有名だが、夜空に咲き誇る花火もまた、ぼくらのパラダイス気分を助長する。

ベートーヴェンの陽気なマーチは、もともと《アテネの廃墟》という演劇のためにつくられた付随音楽なので、花火の伴奏にもぴったりくる。特徴的な打楽器の音――ダン、ダン、ダンダンダンという音に合わせて、美しい光が夜空を彩るさまを、ぜひ想像してみてほしい。

作品メモ

ベルンハルト・クレー(指揮)/ベルリン・フィルハーモニー管弦楽団
ユニバーサル ミュージック
UCCG-3793-4
¥1,500(税込)
※現在生産を終了しているため、入手困難な可能性があります。

「トルコ行進曲」は、ウィーンに進行してきたトルコ(オスマン帝国)軍の軍楽隊の音楽に刺激を受け、十八世紀ヨーロッパで流行したもの。特徴としては、打楽器やラッパの多用があげられるでしょう。このベートーヴェンの愉快なマーチと、モーツァルトのピアノ曲が有名です。

　このシチュエーションは当初、「花火を眺めるのにぴったりな(幻想的で少しせつないような)音楽」という意図で考えられていました。しかし、ルネ・マルタンが選んだのは、とびきり楽しげな行進曲。たしかに映画などを見ていても、フランスのお祭りや宮殿で催される花火は、テンポの速い明るいデモンストレーション。日本の花火に独特の翳りは、これっぽっちもないのです。が、これはこれで、楽しいからよし！　パラダイス気分を、存分に楽しみたいものです。

お盆休みの終わり、新幹線のなか

シューベルト
交響曲第８番「グレート」〜第１楽章
Franz Schubert
Symphony No.9 in C, D.944 “The Great”

シューベルト、ぼくの友だち

休暇の終わりに、故郷からもどるための車内にあなたはいる。流れ去っていく窓外の景色。一抹《いちまつ》の寂しさと、明日から始まる仕事への憂鬱《ゆううつ》。日常へもどることで、少しだけ安心する気持ちもある。とにかく休暇は終わったのだ。励ますように、音楽は転調する。明日へのエネルギーを蓄えるように。

シューベルトの音楽には、このように内面から沸々とわきだすような力がある。ぼくはいつだってそれに助けられてきた。シューベルトはたぶん、ぼくにとって離れているが通じ合う親友のような存在だ。ちょっぴりシャイだけれど、長くつきあうほど味が出る、おもしろい奴なんだ。

カール・ベーム（指揮）／ベルリン・フィルハーモニー管弦楽団
ユニバーサル ミュージック
UCCG-4151
¥1,200（税込）

作品メモ

フランツ・シューベルト（Franz Schubert, 一七九七〜一八二八［オーストリア］）は数多くの歌曲（リート）で知られていますが、交響曲や室内楽、ピアノ・ソナタなど幅広いジャンルでも傑作を残しています。リズムの刻み、ラッパの信号音。この交響曲から浮かんでくるのは、まるで映画のサントラのように瞑想的な列車の旅です。

シューベルトが生きたウィーンは、華やかな「会議は踊る」の時代。詩人や音楽家、たくさんの友人たちに囲まれ夜会を愉しむ一方で、講師を少し務めたほかは定職につかず、「さすらい人」のような生活を送ったシューベルト。ルネ・マルタンは敬愛をこめて、彼を「ぼくの友だち」と呼んでいます。「野ばら」や「ます」のような歌曲だけではわからない彼の生きざまを垣間見たとき、シューベルトは友人のようにいとおしく思えるのかもしれません。

夕暮れに吹く涼しい風。夏が終わる

エルガー

エニグマ変奏曲～第９番変奏「ニムロッド」

Edward Elgar

Variations on an Original Theme, Op.36 "Enigma" - 9. Nimrod

風を感じる音楽

九月の声を聞くと、朝晩は急に涼しくなり、ふと英国の音楽を聴きたくなる。クラシックならばヴォーン・ウィリアムズと並んで、このエルガーを欠かすことはできない。エルガーは、とりたてて国民主義的な音楽をつくろうとはしていないが、その端々にイギリス人らしい憂《うれ》いのムードがあり、せつない夏の終わりの気分にちょうどいい。

この曲を再生してほしい。最初の一音から、草原を風が通り抜けるような気持ちにさせられないだろうか。風とともに、夏が消えていくのだ。そして曲の高まりとともに、深い悲しみがやってくる。それが何なのか、みんな漠然としてわからない。この音楽のタイトル（エニグマ＝謎）のように。季節は厳しい冬へと向かっていく。

アンドレ・プレヴィン（指揮）／ロイヤル・フィルハーモニー管弦楽団
ユニバーサル ミュージック
PHCP-20232
¥2,039（税込）
※現在生産を終了しているため、入手困難な可能性があります。

作品メモ

バロックの巨匠パーセル以来、二百年ぶりに出現したイギリスの大作曲家エルガー（Edward Elgar, 一八五七〜一九三四［イギリス］）。この作品の成功によって、エルガーの名前は世界的に知られるようになりました。

「エニグマ」とは、ギリシア語で「謎」「なぞなぞ」という意味。各変奏には当初イニシャルや略称がつけられ、それぞれの該当人物が仄《ほの》めかされました。現在では謎解きはほとんど終わっていて、親しい人々への真心のこもった肖像として、「そこに描かれた友人たち」へ献呈されています。この第九変奏の「ニムロッド」とは、アウグスト・イエーガーという楽譜出版社勤務の友人に、エルガーがつけた愛称。この曲は、二人で散策しながらベートーヴェンについて語った夜の思い出、この友の気高い人柄を描いているのです。

英国趣味とミステリー（文：高野麻衣）

エルガーの代表作の一つが「エニグマ（謎）」というのは、イギリス人のミステリー好きを象徴しているようで、微笑ましいものです。推理小説を含むミステリーの起源はイギリスであるとされていますし、イギリス人は謎解きや怪奇現象を生活に密着させて楽しんでいるような傾向があります。

英国ミステリー好き、というのは乙女の王道の一つでもありますが、探偵や、その観察眼で明かされる人物関係の描写以上に、読者は「暮らしまわり」の要素を愛しているのではないでしょうか。田園風景や庭の描写、心地よい家と家具、おいしそうなお茶とお菓子。謎解きそっちのけで、部屋の壁紙や銀器、スコーンにつけるジャムの種類や紅茶の銘柄を細々と追いかけてしまう。少なくとも私はそっちのタイプです。

小学生のころ、私は夕方に再放送をしていた英国のドラマ『シャーロック・ホームズの冒険』が大好きでした。自分の知性を鼻にかけたホームズの俺様っぷり（あるいは、推理に行きづまると引きこもるほど打たれ弱いツンデレぶり）もさることながら、私をとらえて離さなかったのはそのスーツの着こなし、ハドソン夫人がしつらえるお茶のテーブル、ロンドンの家並みや郊外のマナハウス、立ち働く執事やメイド、そしてそれらにぴったりと寄り添うクラシック音楽でした。

ホームズはヴァイオリンが趣味ですから、有名なオープニング・テーマはヴァイオリン協奏曲の形式になっています。劇中では、このテーマ曲のメロディがさまざまなアレンジ（聖歌風、ワルツ風など）で登場するほか、ワーグナーのアリア「イゾルデの愛の死」やベートーヴェンのヴァイオリン協奏曲がエピソードごとのテーマとして使用されました。ミステリーにはクラシックという不文律ができたのは、私の場合、すべてホームズのせいです。

シャーロック・ホームズの冒険［完全版］DVD・SET（全6巻）
各4980円（税込）
ハピネット
ジェレミー・ブレット（主演）、露口茂／諸角憲一（声）

それでは、ミステリー大国イギリスのクラシックにはどのようなものがあるのでしょう。

イギリスの音楽が最初に盛り上がりを見せたのは中世で、この時代に数多くつくられたのが「キャロル」と呼ばれる歌曲です。隣国フランスからやってきた舞曲がイギリスで発展し、いまもクリスマスの時期に世界じゅうで愛されています。

十六世紀のヘンリー八世は、アン・ブーリンに代表される六人もの王妃をもった女性遍歴が有名ですが、じつは音楽も愛した王様でした。この王様と、その娘でやはり芸術を奨励した女王エリザベス一世の時代には、タリスやバード、シェイクスピアの劇にも登場するトマス・モーリーなどが活躍。ヴァージナルと呼ばれる小型チェンバロが愛好され、バードやジョン・ブルなどがつくったこの楽器のための曲は、短い歌謡曲のメロディを変奏していく「変奏曲」という形式を確立しました。ロック歌手スティングがカバーするなど、現在でも人気の高いダウランドもまた、すぐれたリュート曲や歌曲を残しました。

ところが十七世紀、清教徒《ピューリタン》革命が起きると、イギリスでは教会の賛美歌だけでなく、音楽自体「人間を堕落《だらく》させるもの」として禁止されてしまいました（中国の「文化大革命」のようなものです）。パーセルやヘンデルが最後の輝きを見せたバロック時代が終わると、イギリスの音楽は停滞します。

　ふたたび動き出したのは、エルガーが登場した二十世紀初頭でした。第二の国家とまで言われる「威風堂々」（→P128）や「エニグマ」（→P74）のほか、紅茶の香りが漂ってくるような「交響曲第二番」や「ヴァイオリン協奏曲」もオススメ。

　また、英国らしさではヴォーン・ウィリアムズも負けていません。華やかだった十六世紀の民謡をモチーフにした「グリーンスリーヴズによる幻想曲」（→P44）だけでなく、九曲の交響曲にも聴きごたえが

ディア・エルガー〜ザ・ベスト・オブ・エルガー〜
「エニグマ」をはじめ、エルガーのヒットチューンを集めた英国音楽入門盤。
TOCE-55951
EMIミュージック・ジャパン
1800円（税込）
ジョン・バルビローリ（指揮）、ニュー・フィルハーモニア管弦楽団ほか

あります。「ロンドン交響曲」では霧にけぶる首都のざわめきを、「田園交響曲」ではヒース茂る大地と荒れ果てた古城跡を感じることができます。

二人のほかにもホルストやブリテン、ディーリアス、フィンジといった音楽家たちの作品には、むしろ従来のクラシック・ファンではない聴き手にこそ響くような、素朴な魅力があります。

イギリスのクラシックは、たしかに大陸の音楽からくらべれば少し地味かもしれません。しかしその本領は、イギリス人が好む美しい庭に咲くばらの花のような小品にあると思うのです。そのメロディ、その和音の妙《みょう》。

クリスマスキャロル、マザーグース、スコットランドやアイルランドなどの民謡がこれだけよく知られているのだから、イギリス音楽はもっと見なおされていいはずです。

二十世紀半ばに世界的なロックバンド、ビートルズを輩出したこの国の音楽には、やはり謎解きをしてみたくなるような隠された魅力があるにちがいありません。

サイレント・ヌーン
ブリテン「サリーガーデン」にヴォーン・ウィリアムズ「静かな午後」、不思議に懐かしい英国歌曲の世界。
AVCL-25159
エイベックス・クラシックス
3000円（税込）
波多野睦美（メゾ・ソプラノ）、野平一郎（作曲・ピアノ）

秋、散る落葉を眺めながら

ラヴェル

ピアノ協奏曲〜第２楽章

Maurice Ravel

Piano Concerto in G

すべてが宙を舞っているかのような

これは秋の音楽。ノスタルジーと、洗練された高雅な美しさが漂う音楽だ。静かな四分の三拍子のピアノ・ソロのあと、ふわりとオーケストラが登場し、さまざまな木管楽器が旋律を歌い上げる。弦の繊細な和声の上でフルート、オーボエ、クラリネットが途切れることなく歌い、イングリッシュホルンが主題を高らかに告げる。そしてピアノのトリルがふっつりと消え去ると、まるですべてが宙を舞っているかのような、不思議な浮遊感のなかに取り残される。

落ち葉のなかで味わうラヴェル。もしあなたに愛する人や家族があれば、自然とその幸福に感謝の気持ちがわいてくる。秋はまた、感謝の季節でもあるのだ。

クラウディオ・アバド（指揮）／マルタ・アルゲリッチ、ベルリン・フィルハーモニー管弦楽団
ユニバーサル ミュージック
UCCG-4662
¥1,600（税込）

作品メモ

一曲目（→P28）でもお伝えしたとおり、ラヴェル（Maurice Ravel, 一八七五～一九三七［フランス］）はドビュッシーと並び、近代フランスを代表する作曲家。ラヴェルの場合はより理知的で、古典的な明快さをもっているのが特徴です。

「モーツァルトとサン＝サーンスの精神」で作曲されたこの曲。しかし、全体を見ればストラヴィンスキーやガーシュイン（ジャズ）の影響はもちろん、東洋の響きや故郷バスク地方（あるいはスペイン）の民謡まで、さまざまなメロディがつめこまれた、びっくり箱のような音楽です。

一九三〇年前後の作品で、対照的な曲想をもつ「左手のためのピアノ協奏曲」と同時期に作曲されました。

古い街並みをしっとり歩く

ヴィヴァルディ
ギター協奏曲〜第2楽章（マンドリン版）
Antonio Vivaldi
Guitar Concerto in D, RV93

歩調に合わせるようなリズム

秋は、旅にふさわしい季節でもある。美しい古い街並みをそぞろ歩くなら、ともにある音楽はバロックと洒落こみたい。このマンドリン協奏曲は、もともとはリュートのために書かれたものだ。二つとも現代ではなじみのない楽器だが、マンドリンは無花果《いちじく》に似た形をした小さなギターのようなもので、リュートはその先祖、ひとまわりくらい大きい。曲をスタートすると聴こえてくる、歩調に合わせるようなリズム。やはりギターのように爪弾くような音をしているが、よりやさしく、愛らしい。どこか懐かしい、古《いにしえ》の音だ。

ヴィヴァルディの繊細な協奏曲群は、日本の歴史的景観にも似合うと思っている。四季のささやかな違いを愛し、それをアートとしてとらえる心は、すべての人にとって共通のものだからだ。

作品メモ

十八世紀のイタリア。司教であり、ヴェネツィアのピエタ女学院の音楽教師も務めたヴィヴァルディ（Antonio Vivaldi, 一六七八〜一七四一［イタリア］）は、作品の大部分をその生徒たちの演奏のために作曲しました。だからでしょうか、彼の作品には細やかな自然の描写や感情の揺らぎを描くような繊細な協奏曲が多いのです。ヴェネツィアの街に行くと、いまもこの「赤毛の司祭」と生徒たちに扮《ふん》した女性の楽団が、観光客を音楽でもてなしてくれます。

数多い作品のなかでも「四季」（ヴァイオリン協奏曲集「和声と創意の試み」）のいくつかのメロディは、日本の街角でも毎日響きわたっています。また、協奏曲の形式の確立という意味でも、同時代を生きたバッハやのちのモーツァルトらに大きな影響を与えた偉大な人物です。

ホリデー・シーズンの到来。街のカップルを横目に仕事に励む

ムソルグスキー（ラヴェル編曲）

組曲《展覧会の絵》〜卵の殻をつけたひなどりのバレエ（管弦楽版）

Modest Petrovich Mussorgsky

Pictures at an Exhibition - Ballet of the Chickens in Their Shells

おどけたかわいい鳥のバレエ

十一月も半ばになると、街はすっかりクリスマスの飾りつけでいっぱいになる。ヨーロッパの十一月は初冬というくらい寒いので、恋人たちは身を寄せ合い、暖をとっている。銀色に輝く街に焼き栗やシナモンの香り。そして恋人たち。とてもロマンティックだ。

ところが仕事で忙しく、それどころではない人もいる。ホリデーの前のあわただしさは、万国共通。そんなときは、おどけたかわいい鳥のバレエを思い出し、境遇を笑い飛ばしてしまおう。ラヴェルのオーケストレーションで、よりコメディ的に。聴いていると、ささくれ立った気持ちが和らいでいく。リズミカルな音楽だから、仕事も早く片づくはずだ。

ヘルベルト・フォン・カラヤン（指揮）／ベルリン・フィルハーモニー管弦楽団
ユニバーサル ミュージック
UCCG-4603
¥1,600（税込）

作品メモ

ムソルグスキー（Modest Petrovich Mussorgsky、一八三九〜一八八一［ロシア］）は、ロシアの五人組と呼ばれた気鋭の音楽家グループの一人です。ドラマティックな音楽を好み、フランスの近代音楽にも大きな影響を与えた一方で、酔いどれの破滅的な生活を送りました。《展覧会の絵》といえば荘厳なプロムナードが有名ですが、絵と絵のあいだをそぞろ歩くように描かれた一〇曲のなかには、このように愛らしいものや、「二人のユダヤ人、太ったのとやせたの（ザムエル・ゴルデンベルクとシュムイル）」「鶏の足の上に建っている小屋」といったシュールなものも登場します。ムソルグスキーが、実際に亡き友人で画家のハルトマンの展覧会へ赴いたときの印象をもとに作曲しました。もとはピアノ曲ですが、このラヴェルによるオーケストラ編曲でも知られています。

恋人と、きらめく街を歩く

バッハ

フルート・ソナタ第2番〜第2楽章（シチリアーノ・オーボエ版）

Johann Sebastian Bach

Flute Sonata No.2 in E flat, BWV 1031

手をつないでゆっくりと

ヨーロッパの十二月は、クリスマスの気分で明け暮れる。子どもたちはクリスマスの四週間前、待降節（アドヴェント）から毎日カレンダーをめくり、その日を心待ちにする。寒さもさることながら、この月は日の沈むのが一年でもっとも早い。午後四時にもなると夕暮れが迫ってくる。なんとも心細いが、クリスマスが近いと思うと、気持ちも華やぐのだ。

クリスマス・カードに人と人との結びつきを感じるこの時期、ようやく仕事も落ちつき、あなたは恋人とクリスマスの街を歩いている。手をつないでゆっくりと、少しずつ歩いている。そんな幸福感が、音楽にも満ちている。ふと静寂が訪れたとき、もう一度手を握り締める。平穏に満ちた音楽だ。

アルブレヒト・マイヤー、シンフォニア・ヴァルソヴィア
ユニバーサル ミュージック
UCCG-1211
¥3,059（税込）
※現在生産を終了しているため、入手困難な可能性があります。

作品メモ

「シチリアーノ」（別名・シチリアーナ、シシリエンヌ）とは、イタリアのシチリア島に伝わる舞曲がもとになった、ゆったりとした八分の六拍子の音楽。ルネサンス末期からバロック時代に大流行し、バッハも数多く作曲しています。

夢見るように幻想的ですが、どちらかというと悲しげな旋律が特徴的なシチリアーノ。穏やか、あるいは厳しいとイメージされがちなバッハのなかでは、人間らしい情感が豊かで人気の曲です。日本人の私たちにとっては、あえてクリスマスには結びつきにくいかもしれませんが、そこがフランス人のルネ・マルタンらしいところ。彼のクリスマスへの敬虔《けいけん》な思いと、バッハの隠された情熱の結びつきが、この選曲にはよく表れています。

クリスマス。自宅で家族と ごちそうを囲み、まったり過ごす

アルビノーニ

オーボエ協奏曲ニ短調～第2楽章

Tomaso Albinoni

Oboe Concerto in D minor, Op.9 No.2

華やかさと信仰の色

クリスマスに、あなたはどんな音楽を聴くだろうか？〝クリスマスらしい〟クラシック音楽は数多《あまた》あるが、バロック音楽のもつ華やかさと信仰の色は、なかでも格別に思える。

このオーボエ協奏曲は、ぼくがもっともクリスマスらしいと考える音楽だ。暖かい音色のオーボエが奏でるアルペジオ、暖炉の薪《まき》がはぜるようなスタッカートが、こんな情景を思わせる――教会のミサのあとで、家族が一堂にそろって、笑顔でごちそうを囲んでいる。テーブルには蝋燭《ろうそく》立てと銀の食器、シャンパングラスに柊《ひいらぎ》のクリスマス飾り。湯気の立つジビエ（野鳥）、そしてブッシュ・ド・ノエル。

作品メモ

ハインツ・ホリガー、イ・ムジチ合奏団
ユニバーサル ミュージック
UCCD-4544
¥1,200（税込）

アルビノーニ（Tomaso Albinoni, 一六七一～一七五一［イタリア］）はヴェネツィアの貴族で、生涯アマチュアの作曲家でした。このオーボエ協奏曲は、一七二二年に書かれた「五声の協奏曲Op.9」の一部で、ヴェネツィア・スタイルとも言うべき上品でやさしい華やかさに満ちています。

この貴族音楽家の名前は、ドラマティックなト短調の楽曲――俗に言う「アルビノーニのアダージョ」によって現代にも伝えられましたが、じつはこの「アダージョ」は、二十世紀に復元された〝アルビノーニ・メドレー〟だったのです。理由は、彼の楽譜のほとんどが、第二次世界大戦の空襲で失われてしまったから。その来歴が悲しいものなら、曲も悲しげな表情。しかし、断片でさえかき集めずにはいられなかった音楽の魅力は、おそらく永遠のものでしょう。ここでは、「アダージョ」とはまったく正反対の、平和で幸福なアルビノーニを存分にお聴きください。

静かな寝正月

バッハ
チェンバロ協奏曲第5番～第2楽章（ギター版）
Johann Sebastian Bach
Concerto for Harpsichord, Strings, and Continuo No.5 in F minor, BWV 1056

ゆっくりと過ぎていく時間に

日本の正月は、ぼくらにとってはクリスマス休暇のようなものだろう。多くの人が帰省し家族と再会するにぎやかな時期だが、お祝い気分を過ぎると、あとはひたすらのんびりして過ごす。ゆっくりと時間が経つのを待つような贅沢なおとそ気分のときは、ふたたび「バッハのアリオーソ」をかけてみよう。

今度はギターでの演奏だ。前にも言ったように、ギターは太陽の楽器だから、その音だけで音楽の印象を変えてしまう。たくさんの楽器のために編曲をいとわない、バロック音楽ならではの楽しみだ。寒い冬の日には焼餅に鶏南蛮、渋いお茶もいいが、こうしてギターの音を聴くのもオススメだ。冷えた体を温めるように、やわらかな旋律が身体にしみわたっていく。

作品メモ

ふたたび登場した「バッハのアリオーソ」。今度はギター・ヴァージョン。先のオーボエ・ヴァージョン（→P36）と聴きくらべてみるのも一興です。

バッハといえば、切り離せないのが編曲という分野。まずバッハ本人が自作および他作の編曲魔でしたし、ブゾーニのピアノ編曲、ストコフスキのオーケストラ編曲からジャズやポピュラー編曲まで、すぐれたバッハ編曲はいろいろとあります。このギター版は元曲に忠実な編曲ですが、ギター曲としての自然さが傑出しています。

どうしてギターの音色は、こんなに暖かに感じるのでしょうか。ギターの音域はチェロとほぼ重なり、中音域からやや低めです。音量も小さい。それが逆に、独特のやさしさ、聴きやすさという魅力にもなっているのでしょう。

聖なるかな、聖なるかな（文：高野麻衣）

　キリスト教は私にとって、永遠の、憧れの舶来のドレスです。物語のなかのクリスマスのご馳走やキャロル、美しい文語体に訳された祈りの言葉を通して、私はキリスト教の文化に魅了されてきました。中世の聖書の装飾、教会の尖塔《せんとう》のバランス、あるときに見た厳《おごそ》かな光の打ち震えるような美しさ――輝かしいエレメンツで綾《あや》なされたドレスに触れるたび、憧憬《しょうけい》は幾度も塗り替えられました。

　子ども時代の行動範囲内に教会がなかった私にとって、キリスト教をようやく身近に感じられるようになったのは大学時代のことでした。ミッション系の母校では入学式やクリスマスなどの行事ごとにミサが行われましたし、なにより専攻したのが西洋音楽の歴史でしたから、聖書を抜きにして語ることはできなかったのです。

　在学中のある夏、私はスペイン人神父とともにオーストリア・ザル

フォーレ：レクイエム
レクイエムといえばコルボにおまかせ。「ピエ・イエズス」の透き通ったボーイソプラノは、もはや天上の音楽。
WPCS-21095
ワーナーミュージック・ジャパン
1050円（税込）
ミシェル・コルボ（指揮）、ベルン交響楽団

ツブルクでのサマースクールに出かけました。映画『サウンド・オブ・ミュージック』のロケ地でもある湖畔の宮殿で、アメリカから同じくスクールに来ている学生たちと、音楽や美術、少々のドイツ語を勉強するのです。街の中心ではザルツブルク音楽祭がまっさかり。あちこちの教会でもコンサートが開かれていました。放課後はなるべく安価な公演を探しては音楽祭に通いましたが、忘れることができないのが、どこかの合唱団が丘の上の教会でリハーサルしていた「アヴェ・ヴェルム・コルプス」(→P158)。知らずに扉を開けた瞬間、流れ込んできた名もなき祈りは、いまも私の音楽の中心にあります。

少年合唱、あるいはボーイソプラノという世界も、乙女の王道の一つ。倍音が少ない歌声は明らかに澄みわたり、やがては消えてなくなってしまう清廉な美をたたえています。ボーイズ・エア・クワイアの耽美な英国少年コナー・バロウズに心を奪われた時代もありました

ピース
サウスロンドン在住の7歳から14歳の少年たちによるヴォーカル・ユニット。持ち歌から、モーツァルトやサン＝サーンスのアレンジまで、曲目も多彩。
TOCP-70898
EMIミュージック・ジャパン
3500円（税込）
リベラ

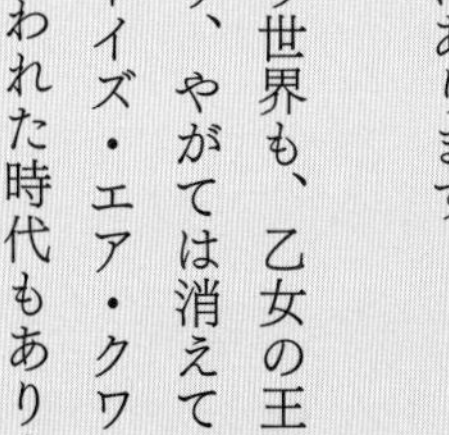

が、基本的にはアイドルより、「少年合唱団」としての匿名性や佇まいに惹かれます。有名なウィーン少年合唱団だけでなく、フランスではパリ木の十字架合唱団、イギリスではキングスカレッジ合唱団や「リベラ」などが活躍中。揃いの制服、行儀のよい所作は、本来教会の付属である彼らの正しい姿。バッハやヘンデルの宗教曲、モーツァルトやフォーレのレクイエム。美しい歌声を味わっているうちに、聖句や聖書の物語が、不思議と身近になっていきます。

日本でも、教会コンサートが増えています。クラシックとキリスト教、敷居が高いはずの二つのエレメンツをともに味わえるこれらのコンサートは、うるさ型も少ない穏やかな祈りにも似た空間。気持ちを静めたいとき、美しいものに触れたいとき、だから私は教会へ向かうのです。

恋、そして人生

Chapitre 3

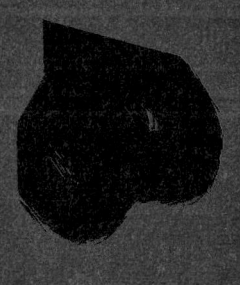

恋に落ちたら

サン＝サーンス
組曲《動物の謝肉祭》～白鳥
Camille Saint-Saëns
Le Carnaval des Animaux - Le Cygne

甘やかな恋の始まり

恋をしたときは、だれもが音楽を必要とする。プルーストの小説を例にとるまでもなく、思い出すたびにうずくような音楽の記憶をもつ人は多いだろう。この章では恋愛のさまざまな場面に似合いそうな曲を選んでみた。実際に恋人と聴きに行ったり、プレゼントしたりしてみてはどうだろう。

最初に紹介するのは、甘やかな恋の始まりに似合いそうな音楽だ。初恋の彼を、教室の後方で眺めているとき。彼のことを想い、眠れぬ夜を過ごしているとき。清らかな白鳥がゆったりと湖を滑っていくような優美な旋律と、波紋をイメージさせる涼しげなアルペジオの伴奏は、まさに恋をしているときに聴く音楽そのものだ。恋人と、キスをするための音楽でもある。

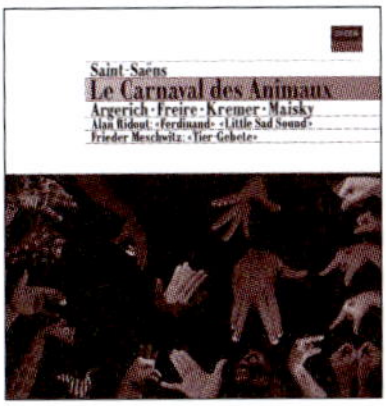

マルタ・アルゲリッチ、ミッシャ・マイスキー
ユニバーサル ミュージック
UCCD-2135
¥1,600（税込）

作品メモ

ルネ・マルタンが「恋のための音楽」と断言したこの美しい小品は、代表作《動物の謝肉祭》からの一曲。全一四曲で、ライオン、ゾウ、カンガルーなどさまざまな動物の生態を、室内楽がユーモラスに描きます。とりわけ「白鳥」は、生前は公開されなかった組曲のなかで唯一演奏が許された、作者のお気に入りの一曲でした。

サン＝サーンス（Camille Saint-Saëns, 一八三五〜一九二一［フランス］）は、幼いころから音楽の才能を発揮したばかりか、詩や数学でも認められた天才タイプ。オルガニストや音楽学校の教師を務めながら、幅広いジャンルにわたって作曲活動を行いました。歌劇《サムソンとデリラ》や交響曲第三番「オルガン付き」などがとくに有名。フランクやフォーレとともに「国民音楽協会」を設立し、フランス音楽の隆盛に尽くした立役者です。

デートの支度中

モーツァルト（?）
バタつきパン
Wolfgang Amadeus Mozart
La Tartine de Beurre（*Valse a un Doigt*）

「私はきれい」の呪文

可憐なピアノの音に、鏡の前、自分の顔を確認しながらメイクをする女性の姿が浮かぶ。「かわいくなったかな?」。やがて、自信をもつ瞬間が訪れる――「うん、私、きれいじゃない」。そんなひとコマを描き出すようなメヌエットだ。

バスタイムに優雅なディヴェルティメントがふさわしいように、女性の生活の場面場面には、モーツァルトの音楽で彩りたくなるものが多く存在する。音の揺らぎが、脳波云々という難しい論拠よりも、ただ日々のなかで、自分の愛する美しいものに囲まれていることそれこそが、その人の顔を美しくつくりあげていく秘訣なのだろう。

作品メモ

鍵盤に指でバターを塗っているかのような愛らしいメヌエット。じつはモーツァルトの作品ではない（偽作）という説が有力ですが、モーツァルトと言いたくなるのもわかる、なんともチャーミングな小品です。

たとえば『不思議の国のアリス』のような、ヨーロッパのおとぎ話や物語を読んでいると、この「バタつきパン」という言葉がたびたび登場します。バターを塗った白いパンを想像しますが、実際はドライフルーツをたっぷり入れて焼き上げたケーキのようなものだったよう。コーヒー・ミュージックの最高峰、バッハの「コーヒー・カンタータ」をあげるまでもなく、こうした食べ物の名前というのもまた、音楽のイメージを広げてくれるものです。

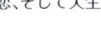

クラシックコンサートへ、二人で

シューベルト

ピアノ三重奏曲第2番〜第２楽章

Franz Schubert

Piano Trio No.2 in E flat, Op.100 D.929

そばにある手をとってみる

テーブル越しに向かい合い、言葉も交わさず視線をからませる二人。そんな映画の場面が忘れられない音楽だ。

聴いているうちにどうしようもなく孤独を感じたら、恋人の存在を確かめる。そばにある手をとってみる。生きることの喜びと、悲しみが、交錯するように語られるこの音楽を分かち合えたら、二人の絆はきっと強いものになるはずだ。

作品メモ

シューベルトが不世出のメロディメーカーであることを再確認できるこの曲は、その美しさと静かに慟哭《どうこく》するような悲しみからか、音楽をこよなく愛する監督の映画やドラマに使用されています。もっとも有名なのが、スタンリー・キューブリックの映画『バリー・

ボザール・トリオ
ユニバーサル ミュージック
UCCP-3371
¥1,800(税込)
※現在生産を終了しているため、入手困難な可能性があります。

リンドン』でしょう。農家に生まれた野心的な美しい青年が貴族の娘を六時間で恋に落とす、という場面。ここで第二楽章が効果的に使われているほか、この曲は、映画のラストでもふたたび使われていて人の世の儚《はかな》さを歌い上げています。

とくに男性向けの「はじめてのコンサート・デート指南」のようなものには、とかく「名曲小品集のようなカジュアルな」とか「ライト・クラシックで」などという語句が飛び交いますが、いつの時代の話なのか、なんて女の子を馬鹿にした態度なのかとがっかりしてしまいます。名曲は世の中にあふれています。せっかく二人の記念にするならば、のちのち思い出してもため息の出るような「二人だけの、二人ならではの曲」と思えるような音楽を聴きたいのが乙女心なのではないでしょうか。このシューベルトのように。

オペラに出かける（文：高野麻衣）

クラシックを聴きはじめた女の子が憧れるもの、それがオペラです。着飾って、恋人（やその候補）のエスコートで歌劇場に出かけ、夢のように美しい舞台や歌声に打ち震え、涙する。こうしたシーンは『若草物語』の昔から小説や少女マンガ、ドラマや映画にくりかえし描かれ、おそらく舞踏会に次ぐ女の子の夢の一つといえるほど。

しかし、大人になった少女が実際に出かけようとすると、大きな障害が立ちはだかります。だって現実では、すてきなエスコートや嫌味のない解説で夢見心地にしてくれるようなクラシック王子など絶滅危惧種だし、そもそもオペラ・デートをしたいなら、女性側が率先して動かねばならないからです。そんな彼女たちからの相談として多いのが「何を観に行けばいいの？」「何を着ていけばいいの？」「予習はどのくらいすればいいの？」、そして「値段が高すぎる！」。

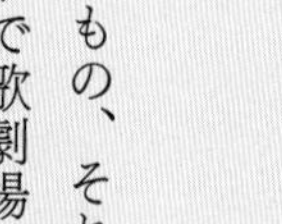

プッチーニ：歌劇《ラ・ボエーム》DVD
「パリのかわいいお針子」であるヒロインになりきるならば、ぜひストラータスのミミで。
UCBG-1294
ユニバーサル ミュージック
6500円（税込）
ジェイムズ・レヴァイン（指揮）、テレサ・ストラータス（主演）、メトロポリタン歌劇場管弦楽団、メトロポリタン歌劇場合唱団

まず演目。フランス映画の悲恋ものなどが好きな人には《ラ・ボエーム》などがたまらないでしょうし、モーツァルトが好きならばどんなに上演が長くても《フィガロの結婚》が観たいはず。「マイテーマ」と同じで、まずは心惹かれるものに挑戦してみればいいと思います。

個人的に乙女オペラ認定したいのは、《ペレアスとメリザンド》と《ばらの騎士》、そして《サロメ》。じつのところマッチョなメロドラマが多いオペラの世界ですが、三作品はいずれもヒロインに少女的中性的な魅力があり、音楽も洒脱で幻想的です。なによりも《ペレアス》の妄執する男ゴロー（愛すべきヘタレ）、《ばらの騎士》の美少年オクタヴィアン（男装の麗人）、そして《サロメ》のヒロイン以外はあらゆるタイプの男子勢ぞろい（逆ハーレム）という設定がすてき。

予定が決まったら、いかなるときも着るもののことが気になるのが女性です。通常、日本で観劇に出かける場合「目をむくほど奇抜だっ

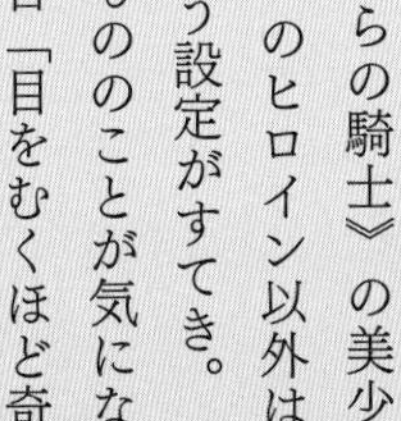

R・シュトラウス：楽劇《ばらの騎士》DVD
音楽の端々からも、世紀末ウィーンの洗練とデカダンス漂う乙女オペラ。
UCBG-3008/9
ユニバーサル ミュージック
6825円（税込）
カルロス・クライバー（指揮）、アンネ・ソフィー・フォン・オッター（主演）、ウィーン国立歌劇場管弦楽団、ウィーン国立歌劇場合唱団

たりラフだったりしなければ、ドレスコードなど気にしなくてよい」ことになっていますが、それってすごくもったいない！　せっかく美しい夢の世界に飛び込むのだから、お気に入りのドレスを引っぱり出すことくらいしてみたい。和装の嗜《たしな》みがある人なら、訪問着を着るだけでいい。ゴスロリの素養がある人なら、ヒロインをイメージしたお洋服で着飾ってほしい。女性が着飾ることで、会場の特別な気分は高まります。これは女の特権であり義務でもあると、私は思うのです。そしてそれを楽しみ、自分なりに似合いの格好をしてみることは男性の務めです。

一方、予習についていえば、現代には「字幕」という強い味方がいますから、ほとんど必要ないといえます（海外でも多くの場合、英語字幕があります）。歌詞は多くがくりかえしなので、終始字幕とにらめっこをしなければならないわけでもありません。逆に予習は軽くのほうが、ドキドキを楽しめる。映画を観る前にネタバレを読みたい人なん

METライブビューイング
2006年の大晦日、歌舞伎座にてスタートしたライブビューイングの草分け。ニューヨークで話題の新演

ていないでしょう？　それとまったく同じことです。

　そして最後に、お値段について。たしかに、オペラは絶対的に高価な娯楽です。でもそれは、コマーシャルがばんばん流れるようなヨーロッパやアメリカの有名歌劇場の「引っ越し公演」の話。その名のとおり歌手、オーケストラをはじめ演出、衣装や小道具までの大所帯をすべて日本に引っ越して上演するわけですから、見ごたえも値段も超一流なわけです。

　引っ越し公演でなくても、二期会や藤原歌劇団といった国内のカンパニーがすぐれた上演を比較的安価で提供しています。また、現在は映画館でのライブビューイングも活発。気負わずオペラに慣れることも、なかなか上演されないレア作品に出会うこともできるでしょう。

　ただ、ほんとうは最初だけは、投資のつもりで引っ越し公演に出かけ、世界で活躍する歌手の声を聴いてほしいのです。その経験は確実にあなたをオペラの世界に誘い、生涯忘れえぬ経験になるだろうから。

出や、国内ではなかなか上演機会のないレアな作品を、日本各地の映画館で楽しめる。2010・2011シーズンは、12演目が上映される。
写真は2011年6月11日（土）～6月17日（金）に公開の、ワーグナー〈ニーベルングの指環 第1夜〉《ワルキューレ》。
配給：松竹
http://www.shochiku.co.jp/met/

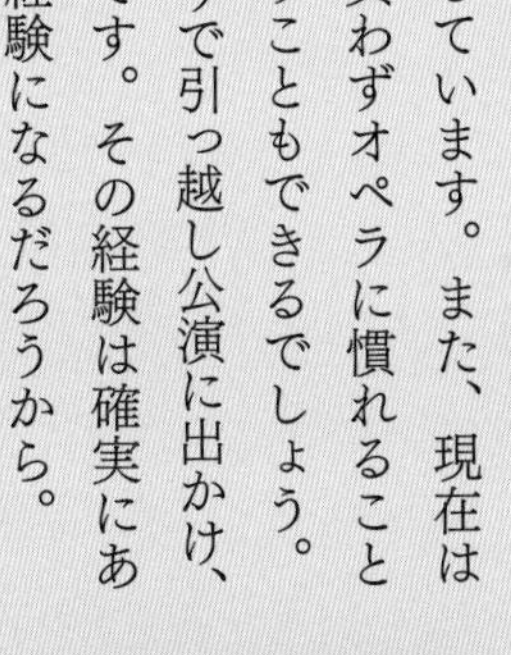
©Brigitte Lacombe/Metropolitan Opera

恋人と高いタワーへ、目の前には夜景

ハチャトゥリアン
バレエ音楽《スパルタクス》〜スパルタクスとフリギアのアダージョ
Aram Il'ich Khachaturian
Spartacus - Adagio of Spartacus and Phrygia

現実を忘れて、浮遊して

出だしの高揚感、これに勝るものはない。雄大で映画的な光景が、三六〇度のパノラマで広がっているようだ。高みからキラキラ輝く光を見下ろす。なんてロマンティックだろう。

それもそのはず、ハチャトゥリアンによるこのバレエ作品中、唯一の愛の情感あふれるパ・ド・ドゥを彩る音楽である。流麗なオーケストラに目まぐるしいフルートの掛け合い。低音弦にオーボエとフルートの二重奏。戦いのなかで、ひと時の安息を見出した恋人たちのように、現実を忘れて、浮遊していくような時間を愉しみたい。

作品メモ

《スパルタクス》は、ローマ時代の歴史に基づくバレエ作品です。

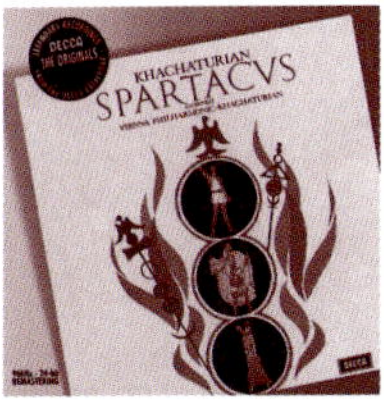

アラム・ハチャトゥリアン（指揮）／ウィーン・フィルハーモニー管弦楽団
ユニバーサル ミュージック
UCCD-4424
¥1,600（税込）
※現在生産を終了しているため、入手困難な可能性があります。

ローマ帝国で起こった三度目の奴隷による反乱、それが映画などでもよく知られた「スパルタクスの反乱」。スパルタクスは最初快進撃を続けますが、帝国の巨大な力にねじ伏せられ、非業の死を遂げる。バレエとしてはほとんど前例がない、非常にスケールの大きな戦いの物語です。そして、主人公が男性。このパ・ド・ドゥのように、もちろん女性ダンサーも活躍しますが、それまでの「男性がヒロインを立てる」というバレエの世界としては異例なことでした。ストーリー上、軍隊の描写も多く、男性による群舞が見られることも特徴です。

一九五四年の作品ですからモダンバレエに属し、ソビエト連邦の社会主義――人民にわかりやすく、前向きな表現で――の影響もあります。しかしハチャトゥリアンは幸運にも、もともとわかりやすい音楽に力強い情熱、アルメニア民族音楽を生かした強烈なリズムをもっていたのです。

デートのあとの余韻

R・シュトラウス
歌曲集《四つの歌》～あした
Richard Georg Strauss
Morgen, Op.27 No.4

あしたの朝

音楽がしあわせを歌っているようだ。二人の距離が近づくような、胸がいっぱいになって抱き締めたいような幸福なデートを、思い返しながら歩く帰路。そんな経験はだれにでもあるだろう。時間よ止まれ。そんな余韻《よいん》のなかで聴きたい音楽がこれだ。
おもしろいことに、この歌詞の出だしは「Und morgen wird die…(そしてあした、太陽の光がふたたび降り注ぐだろう……)」と始まる。詩人が言葉にしなかった「そして」以前の内容を長い前奏に託して、歌はあたかも途中から入ったように「Und…」と歌いはじめるのだ。やさしさに満ちたメロディは、近い将来また訪れる至福のひと時を確信したかのように甘美で、いつ聴いても引き込まれてしまう。

作品メモ

バーバラ・ボニー／ジェフリー・パーソンズ
ユニバーサル ミュージック
POCG-4105
¥2,548（税込）
※現在生産を終了しているため、入手困難な可能性があります。

「あした」の美しい出だしに続く歌詞は、以下のようなものです。「私たちはゆっくり、静かに下りていく。そして黙って見つめ合う。互いの目をのぞきこむと、静止した幸福の沈黙が、私たちの顔に表れる」——この曲を含む傑作《四つの歌》ですが、じつは作曲者みずからが台本も手がけた歌劇の大失敗という、失意のどん底から生まれたと言われています。そんなとき想う「あした」や「ツェツィーリエ」（結婚記念に妻に捧げた）だからこそ、なるほど、こんなにも甘やかなのかもしれません。

リヒャルト・シュトラウス（Richard Georg Strauss, 一八六四〜一九四九［ドイツ］）は世紀転換期、後期ロマン派を代表する作曲家です。交響詩「ドン・ファン」「ティル・オイレンシュピーゲルの愉快ないたずら」やオペラ《サロメ》《ばらの騎士》の作曲で知られています。生前は指揮者としても活躍しました。

恋人にプレゼントを

オットー・ニコライ
歌劇《ウィンザーの陽気な女房たち》〜序曲
Otto Nicolai
Die lustigen Weiber von Windsor - Overture

想いを打ち明けるように

愛する人に捧げるような、敬虔な印象を受ける序曲だ。捧げもって、そろそろと近づいて、やがて想いを打ち明けるような、愛と生命力にあふれた曲。感情もゆたかにほとばしっている。曲半ばでは手に手をとって踊り出しているような場面もあり、じつはとてもチャーミングなのだ。

《ウィンザーの陽気な女房たち》は、シェイクスピアの名作喜劇をオペラ化したもの。もともと「ヘンリー四世」や「ヘンリー五世」に登場した人気脇役だったフォルスタッフを気に入った女王エリザベス一世が、「フォルスタッフの恋物語が観たい」と所望したことから書かれたとされた戯曲だ。そう、もともとがプレゼント、だったのである。

ジョルジュ・プレートル（指揮）／ウィーン・フィルハーモニー管弦楽団
ユニバーサル ミュージック
UCCD-1256/7
¥3.000（税込）

作品メモ

オットー・ニコライ（Otto Nicolai, 一八一〇〜一八四九［ドイツ］）は、名門ウィーン・フィルハーモニー管弦楽団の創設者・初代指揮者として、そしてこの歌劇《ウィンザーの陽気な女房たち》によって音楽史に永遠の名を残した人物です。

この序曲は、序奏（捧げもって、そろそろと近づく部分）をもったソナタ形式。歌劇中の名旋律を縦横無尽に散りばめた、単独演奏の機会も多い名曲です。低音で歌い出されるテーマのメロディは深遠で暖かく、ニコライの「ドイツ楽派というものがもちろん前提だが、それにイタリアの軽快さが付加されねばならぬ」という名言にもうなずけます。ウィーン・フィル恒例のニューイヤーコンサートにも取り上げられる曲です。

「クラシック 恋人に捧ぐ」(文：高野麻衣)

昔、私のブログに「クラシック 恋人に捧ぐ」という検索語でアクセスしてくれた人がいて、以来この手の話題になると思い出します。まったくの偶然だったのですが、ちょうどバレンタインデーか何かの時期で、ＰＣのモニターやレコードショップの棚とにらめっこして恋人への音楽を探している少女(少年や、おじさんだったかもしれませんが)を想像し、一人胸を熱くしました。

音楽のラインナップが恋人の趣味しだいなんてまっぴらごめんですが、それでもともに時を過ごしていれば影響を受けざるをえないし、お気に入り作品を交換し合って互いの世界が広がるのはすてきなこと。好きな人の好きなものが、自分の好きなものとどこかでリンクしたりするのは、無性にうれしいものですし。だから私は、音楽のプレゼントをもっと奨励したいと思っています。

手に入りやすいところではグレン・グールドの「イマージュ」。BACH（バッハの作品）とnot BACH（バッハの作品でない）の二枚に分かれた選曲もわかりやすいし、なによりこのハンサムなバッハ弾きの肖像——一歳の美しい赤ちゃんが愛犬と並んでいるスナップまでがたっぷり味わえる、おしゃれで美しいブックレット付きです。

そうそう、上品なペールピンクに金の飾りふちの入った函《はこ》も豪華な、「プリンセス・クラシック」というボックスセットもありました。ブックレットには、ヴェルサイユを中心とした宮殿の写真や姫君たちの肖像画、読みごたえのある歴史エッセイや家系図。内容はというと、アントワネットの巻には同時代人モーツァルト、その母マリア・テレジアにはバロック音楽、十九世紀のハプスブルク王妃エリザベートならばロマン派の重厚な響き、イタリアのルクレツィア・ボルジアでオペラアリア集、といった具合です。

ルネ・マルタンは以前、こんなことを話してくれました。

イマージュ
SICC-1014〜5
SONY CLASSICAL（ソニー・ミュージックジャパンインターナショナル）
2520円（税込）
グレン・グールド

「あらゆる作品にとって——中身があることは大前提として、やはりその見た目は大切なんだよ。CDならばジャケット写真。ぼくがCDをつくるときにも、写真には大いに気を配っている」

彼は「MIRARE（ミラーレ）」というクラシック・レーベルをもっているのですが、そこで彼にプロデュースされるアーティストたちは、たとえ新人であっても、大女優カトリーヌ・ドヌーヴの担当カメラマンや、ヴォーグで活躍する気鋭のファッション・カメラマンによって撮影され、美しいアートワークに収められます。一流の演奏を、一流のアートワークで世界に広める。それも自分の使命の一つだとマルタンは語ります。フランス人らしい考え方かもしれませんが、日本のクラシック音楽業界にも、見習うところはあるはずです。

美しいCDは音楽とともにある美しい時間の記念、お土産にもなりえます。ルネ・マルタンの事務所の方がナントの音楽祭に行くたびに

「マイ・ベスト」——その年の聴きどころやお気に入り、逆に私が気に入りそうなアーティストなどのセレクションをプレゼントしてくださる習慣には、いつも胸が熱くなります。音楽祭だけではなく、コンサートには必ずCD販売ブースがあるわけですから、恋人へ、家族へおすそ分けの気持ちで活用するのもいいかもしれません。

もちろん、音楽はもともと目に見えない、生まれたと同時に消えていく贅沢な芸術品です。自分が心酔するアーティストの演奏会にエスコートするのも、名盤を流して二人の夕食を彩るのも、カーステレオに恋人のためのプレイリストを仕込むのも、相手への思いやりと少々のセンスさえあれば、すべてすてきなプレゼントです。もっともすてきな「恋人に捧げるクラシック」、それは、音楽家が恋人や妻のためにつくった音楽そのものなのだから。

『眠れる森の美女』オリジナル・サウンドトラック

1960年代のディズニー・クラシック『眠れる森の美女』は、全編がチャイコフスキーのバレエ音楽をもとにしている。

AVCW-12074

ウォルト・ディズニー・レコード

1937円（税込）

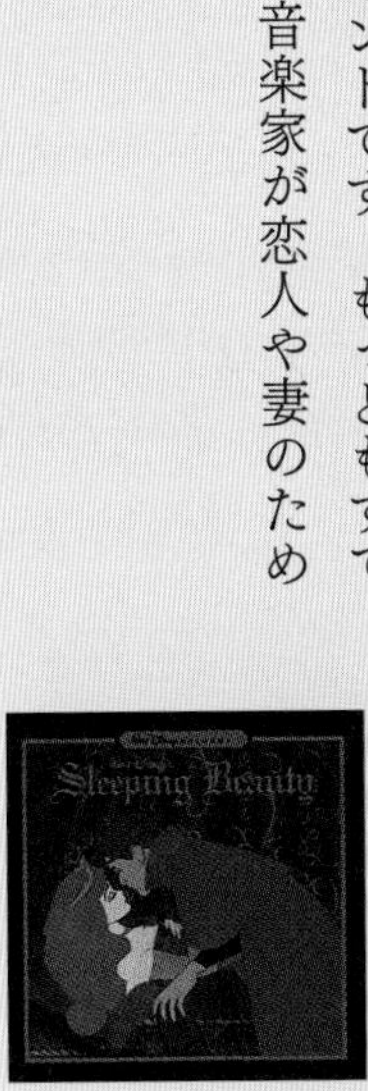

手づくりのご馳走でもてなす

ショスタコーヴィチ
映画『馬あぶ』〜ロマンス
Dmitry Dmitriyevich Shostakovich
The Gadfly, Op.97 - Youth (Romance)

幸福な「キッチン・ミュージック」

あなたは料理が好きだろうか？　料理好きにとっては、食事のBGMだけでなく、その支度のBGM（さながら「キッチン・ミュージック」？）も重要な選択となる。

フルートとヴァイオリンがソロを奏で、ハープと掛け合う。バックはシンプルな低音弦。「ロマンス」は、恋人との食事にぴったりの音楽だ。始まりは、皿を並べながら彼の訪問を待っているような、静かな高揚感。気になって窓からのぞいてみたりしている。四十秒ほどでテーマが変わり、それは走ってくる彼の姿を思わせる。高まる感情。そんな映画の一場面を思わせる。

作品メモ

ショスタコーヴィチについて、また別の顔が明かされました。そ

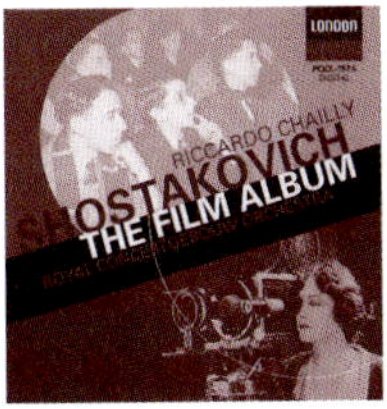

リッカルド・シャイー（指揮）／ロイヤル・コンセルトヘボウ管弦楽団
ユニバーサル ミュージック
POCL-1874
¥3,059（税込）
※現在生産を終了しているため、入手困難な可能性があります。

れは「映画音楽の巨匠」。この「ロマンス」は、一九五五年に公開されたソ連映画『馬あぶ』のオリジナル・サウンドトラックでした。十九世紀のオーストリア領イタリアを舞台に独立運動の闘士「馬あぶ」を描いた物語とのことですが、映画はもはや忘れ去られ、現在はこの「ロマンス」だけが単独で演奏されます。時代を超えていく音楽の力（＝クラシック）の象徴のようです。

「キッチン・ミュージック」には、やはり幸福感のある音楽がふさわしい。味つけに影響しそうですから、考え込んでしまったり、悲しくなったりするようなものは避けましょう。両手がふさがるので、かけっぱなしであまり操作しなくてもよいものを選びたいのですが、統一感のあるテンポ、曲調のものとなると、クラシックの場合はコンピレーションが意外と役立ったりします。暮らしの場面ごとに、自分なりのプレイリストをつくっておくのもいいですね。

つまらないデート、つまらないケンカ

サティ
グノシエンヌ第１番
Erik Satie
Gnossienne No.1

もの憂げ、だけどやさしい

ショッピングに夢中になっていたら、待たされた彼が不機嫌に。逆もあるかもしれない。二人のあいだはギクシャクするし、かといってあまりいいドレスも見つからなかった。楽しみにしていた新しいレストランへも寄らずに別れてしまった。とぼとぼ帰りながら、サティのアルバムのファイルを開いてみる。
エキゾティックなメロディは、少しもの憂《う》げだけれどニュートラルで、ぐったりしたあなたをやさしく慰める。最初は何気なく聴いていても、いつの間にか世界に入り込んでしまう、そんな音楽だ。音にたゆたっているうちに、ストレスやイライラを忘れさせてくれるだろう。

作品メモ

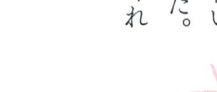

ジャン=イヴ・ティボーデ
ユニバーサル ミュージック
UCCD-50070
¥1,800(税込)

一八九〇年にパリで万博が開かれると、音楽をはじめ絵画やファッションなど多くの分野で「ジャポニズム」をはじめとする東洋趣味が流行しました。「グノシエンヌ」というタイトルはギリシャ語の「知る」からの造語。サティが万博で「知った」東洋的なメロディが、この曲にはつめこまれているようです。

サティはアカデミックな音楽に反発し、詩人ジャン・コクトーの前衛芸術家グループに入ったりしながら、文学的、というよりも悪ふざけのようなタイトルの曲を数多くつくりました。犬のためのぶよぶよした前奏曲、ひからびた胎児、いつも片目を開けて眠るみごとに太った猿の王様を目覚めさせるためのファンファーレ……。ストラヴィンスキー同様、ロシア・バレエ団のための新作《パレード》でスキャンダルを引き起こすと、これに共感した若者たちが「フランス六人組」としてユニットを組むほど。サティは、彼らから始まり坂本龍一にまで影響を与えた現代音楽の教祖様なのです。

連絡がなく、悶々としながら

ヴィラ＝ロボス
ブラジル風バッハ第５番〜アリア
Heitor Villa-Lobos
Bachianas brasileiras No.5 - Aria

想いを乗せて、流れるヴォカリーズ

悲しいとき、苦しいときの音楽との接し方は二種類あって、一つはそんな気分をすっきり癒してくれる曲。そしてもう一つは、気持ちに寄り添うように悲しみを歌ってくれる曲だ。この曲はまさに後者。耳を傾けていると、悲しみが声からも伝わってくるようだ。不安で仕方がない。会いたい、会いたい、会いたい。これは、ヴォカリーズの効用。歌詞のない歌は、さまざまな想いを乗せて滔々《とうとう》と流れる。流れついた先にあるのは、自信かもしれないし、希望かもしれない。

作品メモ

ヴィラ＝ロボス（Heitor Villa-Lobos, 一八八七〜一九五九［ブラジル］）は南米ブラジルの作曲家。独学で作曲を学んだ彼は、「バッハの音

サー・ネヴィル・マリナー（指揮）／アカデミー・オブ・セント・マーティン・イン・ザ・フィールズ、カリタ・マッティラ
ユニバーサル ミュージック
UCCD-2122
¥1,600（税込）

楽こそ、すべての民族に通じる音楽」と信じ、バッハの音楽性とブラジルの心を合わせて「ブラジル風バッハ」を紡ぎました。全九曲のなかでもっとも有名な第五番は、ソプラノ独唱と八台のチェロのための曲。第一楽章アリアと第二楽章踊りの二部構成です。

人間の声を楽器の一つのように歌わせるヴォカリーズ。この「ブラジル風バッハ第五番」のヴォカリーズが、第一楽章冒頭と、終盤にしか出てこないにもかかわらず、はっとするような美しさを感じさせるのは、やはり歌詞がないぶん、音楽そのものに意識がいくからでしょうか。チェロのピチカートに乗って流れるヴォカリーズは、優雅でメランコリックですが、チャイコフスキーなどヨーロッパのそれとは違って聴こえます。南米の自由な感覚と、バッハの構成美が合わさった、独特の神秘的な雰囲気。何度も聴くうちに引き込まれるような、魔性の音楽です。

会いたくてたまらない

マスネ
タイスの瞑想曲
Jules Emile Frédéric Massenet
Méditation de Thaïs

恋人に思いを投げかける

仕事で疲れたとき、あるいはミスをしてへこんでいたら、大好きな彼からタイミングよくメールが来てうれしかったり。友人や同僚とおしゃべりをしていたら、ふとした連想から、彼との楽しかった時間を思い出したり。そんなときには、この瞑想曲のような音楽がふさわしい。

その名にふさわしく、恋人に、目に見えない想いを投げかけるような音楽だ。恋にはせつなさも苦しみもつきもので、激情に駆られることもあるだろう。けれどそれを乗り越えれば、穏やかで美しい愛の旋律があなたを包み込むのだ。

作品メモ

タイスの瞑想曲は、ジュール・マスネ（Jules Emile Frédéric Massenet,

ヘルベルト・フォン・カラヤン（指揮）／ベルリン・フィルハーモニー管弦楽団
ユニバーサル ミュージック
UCCG-4277
¥1,500（税込）

一八四二〜一九一二［フランス］）が作曲したオペラ《タイス》（一八九四年初演）の間奏曲です。舞台は四世紀のエジプト。美しいタイスが街じゅうの男たちを堕落させるありさまを嘆いた修道士アタナエルは、タイスに快楽に溺《おぼ》れる暮らしをやめて信仰に生きるよう説き、「家の外で朝まで待っている」と決断を迫ります（このあと演奏されるのが「瞑想曲」）。

タイスを恋する少女と考えると、ハープとオーケストラの伴奏の上でヴァイオリンが奏でる甘美なメロディは、現代的な恋の陶酔に満ちています。まだ（あるいは、もう）、両想いではないのかもしれない。かといって、片想いでもない。もどかしくて苦しくなる夜もあるけれど、ひょっとしたら彼も同じなのかもしれない。互いの気持ちが通い合う一歩手前の、期待と不安が入り混じったこの気持ちこそが、恋の醍醐味《だいごみ》なのかもしれません。

いよいよプロポーズ

ポンキエッリ
時の踊り（歌劇《ジョコンダ》より）
Amilcare Ponchielli
La Gioconda - Dance of the Hours

小鳥とともに飛び上がってしまいたい

昨夜プロポーズされたばかりのあなたは、目覚めてもいまだ夢見心地だ。空を飛びたいくらい舞い上がっている。空は快晴。左手には指輪。人生はすてきで、生きることはすばらしい。

この「時の踊り」は、そんな気持ちに寄り添うような、小鳥のさえずりのようなバレエ音楽だ。フルートの呼びかけに、弦楽器があの聴き慣れたメロディをやさしく奏でる。輝きを与えるような鉄琴の響き。あなたはまさに幸福の絶頂にいるのだから、思わず踊り出してしまっても、だれも咎《とが》めはしないだろう。

作品メモ

アミルカレ・ポンキエッリ（Amilcare Ponchielli, 一八三四〜一八八六［イタリア］）は、ヴェルディとプッチーニのあいだに生きたイタリア

ヘルベルト・フォン・カラヤン（指揮）／ベルリン・フィルハーモニー管弦楽団
ユニバーサル ミュージック
UCCG-3590
¥2,039（税込）
※現在生産を終了しているため、入手困難な可能性があります。

のオペラ作曲家です。長い不遇の時代を経て、四十二歳で作曲したこの《ジョコンダ》が大成功、一躍有名人となりました。

時間の変遷を表現したロマンティックなバレエ音楽に、ダチョウとゾウとカバ、そしてワニを配してユニークに演出したのが、ご存知ウォルト・ディズニー。つねに芸術性の高いアニメーションの制作を目指していたディズニーは、当時アメリカで指揮者として人気を博していたレオポルド・ストコフスキを抜擢《ばってき》、一年という歳月をかけて、クラシック音楽とアニメーションによるファンタジー作品を制作しました。そう、これが『ファンタジア』です。幼いころに観たことがある人も、この機会にもう一度観てみてはいかがでしょう。

結婚式の朝

エルガー
行進曲「威風堂々」第１番
Edward Elgar
"Pomp and Circumstance," Op.39 - March No.1 in D

感謝を捧げて

結婚式の当日、家を出かけるときに流れているような音楽だ。あらかた片づけられた部屋が、朝日に照らされている。両親も、いつもとは少し違う表情をしている。新しい生活への期待と緊張が半分。そして寂しさも半分。

明るい笑顔であいさつをしよう。生まれてきてから、いままでのことすべてに感謝を捧げる、そんな気持ちをこめて。希望と栄光を歌った中間部のメロディが、そんなあなたを勇気づけてくれるだろう。

作品メモ

学校や地元上流社会で楽器を教え生計を立てていたエルガーは、二十九歳のとき、生徒の一人としてやってきたキャロラインと運命

アンドレ・プレヴィン（指揮）／ロイヤル・フィルハーモニー管弦楽団
ユニバーサル ミュージック
UCCD-3900
¥1,200（税込）

の出会いを果たしました。彼女はエルガーより八歳年上、しかも上流階級の娘。しかし音楽という共通の趣味をもつ二人は惹かれ合い、周囲の強い反対を押しきって結婚しました。二人はクラシックの世界でも指折りのおしどり夫婦であり、キャロラインはエルガーの音楽活動における大きな支えでした。結婚前にエルガーが彼女のために捧げた「愛のあいさつ（Salut d'amour）」の、ロマンティックなこと！

その後、エルガーは「エニグマ変奏曲」（→P74）で名声を獲得。さらに一九〇一年に初演されたこの「威風堂々」第一番が、時の英国王エドワード七世によって絶賛されます。この中間部の旋律にはのちに歌詞がつけられ、第二の国歌「Land of Hope and Glory（希望と栄光の国）」として、今日まで多くの人々に親しまれています。懐かしいような愛情と明るい未来に満ちたエルガーの音楽は、たしかによき門出にぴったりです。

おなかの赤ちゃんに語りかけながら

モーツァルト
ピアノ協奏曲第21番～第2楽章
Wolfgang Amadeus Mozart
Piano Concerto No.21 in C, K.467

ため息のような余韻

このシチュエーションにふさわしい、美しい音楽だ。愛すべきモーツァルトの音楽のなかでも、もっとも有名なものの一つだろう。ボン、ボン、ボン、という低音弦に、三連符が流れるようにリズムを刻む。最初は弦楽器、ついでピアノがアリアのようなメロディを奏でる。陰影を帯びながら短調に移るが、そのあいだも三連符の流れは穏やかに続く。一瞬だけの中断も、再現部での転調も、じつに印象的だ。そうしてやがて、音楽はひっそりと鳴りやむ。ため息のような余韻を残して。

作品メモ

フランスでは「恋人どうしがいっしょに聴くと末永くいっしょにいられる」というおまじないのような存在でもあるらしく、そんな

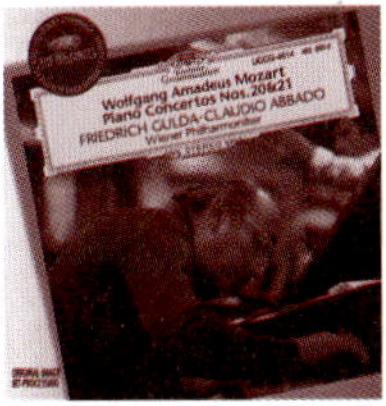

クラウディオ・アバド（指揮）／フリードリヒ・グルダ、ウィーン・フィルハーモニー管弦楽団
ユニバーサル ミュージック
UCCG-4614
¥1,600（税込）

乙女チックないわれも魅力的。ルネ・マルタン自身の（そして私、高野の）愛する曲ランキングの上位に、つねにあるような音楽です。モーツァルト二十五歳、絶頂期の作品で、これもよく知られた第二楽章をもつ二〇番とともに、立てつづけに作曲されました。

　胎教にはモーツァルト、というのが世界の共通認識なのかはわからないけれど、子どもを身ごもるという幸福に、彼の天国のような音楽が似つかわしいことは疑いようもありません。妊婦は、音楽のほかにも「胎児に話しかけて愛情をいっぱい注ぎましょう」とか「夫婦喧嘩《げんか》はしないように」といったたくさんのアドバイスを受けるそうですが、基本は「いつも笑顔で、美しいもの、音楽や言葉やできごとに囲まれて過ごしましょう」ということであり、この本全体のメッセージと同じだと思うのです。そのようなシチュエーションにある女性が、この本を愉しみ、少しでも役立ててくださったなら幸いです。

おもちゃで遊ぶ子どもに

モーツァルト
きらきら星変奏曲
Wolfgang Amadeus Mozart
12 Variations in C, K.265 "Ah, vous dirai-je Maman"

世代を超えて愛される

このピアノ曲を聴いていると、陽だまりのなかで、幼い子どもがおもちゃの人形の腕を動かしているような光景が目に浮かぶ。子どもや母親の周辺には、やはりモーツァルトの音楽が似つかわしい。

原曲であるフランスの歌《シャンソン》「ああ、お母さん聞いて（Ah! vous dirai-je, maman)」は恋の歌。しかし日本でこれが童謡「きらきら星」と呼ばれるように、フランスでも世代を超えて愛されている。モーツァルト独特の子どものような無邪気さと、その音楽の深み、天才のひらめきを示すよい例でもある。

作品メモ

一七七八年、当時のパリの流行歌をもとに、やはり流行していた変奏曲のスタイルで作曲されました。最初と最後に登場するテーマ

クリストフ・エッシェンバッハ
ユニバーサル ミュージック
UCCG-6040
¥1,500（税込）

が愛らしく親しみやすいうえ、技巧を駆使した一〇のバリエーションも多彩で華やか。コンサートや発表会でも、当然の人気曲です。

子どものための音楽というと、教科書的な名曲や童話を考えがちですが、ラヴェルの「子どもと魔法」や「マ・メール・ロワ（マザーグース）」、プーランクの音楽物語「小象ババールの物語」（語り付き）、バルトークのピアノ曲集「子供のために」など、「子ども」というワードがついていながらクラシック・リスナーのコレクションにすっかり溶け込んでいるような、「本気」の作品が数多く存在します。

たとえば四十三歳にしてはじめての娘を授かったドビュッシーは、このクロード＝エマ（愛称シュシュ）にピアノ曲集「子供の領分」をプレゼントしました。「――あとへ続くものへの　父のやさしい言い訳をそえて　私のかわいいシュシュへ　C.D」。作曲家の素顔を目にすると、音楽はまた新しい暖かさを宿すのです。

音楽の効能

Chapitre 4

睡魔をはらう音楽

ロッシーニ
歌劇《ウィリアム・テル》〜序曲（スイス軍の行進）
Gioachino Antonio Rossini
William Tell - Sinfonia, Overture

目覚めのファンファーレ

眠くなったらこの音楽をかけてみて。再生した瞬間、トランペットにホルン、ティンパニが合流するファンファーレが鳴り響く。ファンファーレに導かれてやってくるのは、ギャロップ調の行進曲。くりかえしを経てしだいに高揚し、盛大なクライマックスで締めくくられる。

これから仕事を始めるぞ、といった場面にもぴったりだ。エンジンがかかるイメージ。音楽が与える高揚感を積極的に利用したい。

作品メモ

ウィリアム・テルはスイスの伝説の自由の戦士であり、頭上のリンゴをみごとに射抜くエピソードやこの行進曲によって、日本でもよく知られています。じつは行進曲は、有名な序曲のなかでも終曲

ヘルベルト・フォン・カラヤン（指揮）／ベルリン・フィルハーモニー管弦楽団
ユニバーサル ミュージック
UCCG-4519
¥1,500（税込）

（第四部）にあたります。まず第一部は「夜明け」。チェロとコントラバス、そしてティンパニだけで演奏される序奏です。続いて第二部「嵐」。ここから全体の合奏となり、強い風が嵐に変わっていく様子が描かれ、第三部の「静寂（牧歌）」で、静けさを取りもどした村に勇壮なスイス軍がやってくるわけです。

ジョアキーノ・ロッシーニ（Gioachino Antonio Rossini, 一七九二〜一八六八［イタリア］）は、《セビリアの理髪師》などのモーツァルトを思わせるようなオペラ・ブッファ（喜劇オペラ）でよく知られています。彼の、典雅でありながら躍動感にあふれた作品は、ショパンなど同時代の音楽家にも非常に人気がありました。《ウィリアム・テル》はロッシーニ最後のオペラ。といっても彼はまだ三十七歳でした。この作品によって十分な財産ができた彼は、こののち七十六歳で亡くなるまで、小品と宗教曲をつくりながら、社交家、美食家として隠居生活を楽しんだとか。

集中力を高める音楽

ストラヴィンスキー
バレエ音楽《火の鳥》〜子守歌
Igor Fyodorovitch Stravinsky
The Firebird (L'oiseau de feu) - Lullaby of the Firebird

サスペンス映画のように

デスクライトをつけた部屋のなか。インターネットの画面を必死で凝視している。何かを探しているようだ。緊迫した、ミステリアスな雰囲気が漂っている。そんな映画のワンシーンが浮かぶ、現代的な音楽だ。

この静けさとループするような音形は、人の注意力を高める。落ち着くというよりも、神経を張りつめさせ、作業を効率よく進められるだろう。火の鳥の魔法の力だと思えば、それも納得だろうか。

作品メモ

イーゴリ・ストラヴィンスキー（Igor Fyodorovitch Stravinsky, 一八八二〜一九七一［ロシア］）はパリで初演されたバレエ音楽《火の鳥》《ペトルーシュカ》《春の祭典》の作曲で知られるほか、指揮者、ピア

ワレリー・ゲルギエフ(指揮)/マリインスキー劇場管弦楽団
ユニバーサル ミュージック
UCCD-2119
¥1,600(税込)

ニストとしても世界じゅうで活躍した、二十世紀を代表する音楽家です。

《火の鳥》の舞台は、不死の魔王カスチェイの庭。幸運の象徴・火の鳥を追って迷い込んだイワン王子は、捕らえた火の鳥を、黄金の羽根とひきかえに見逃してやります。そこへカスチェイの城から、魔法にかけられた一三人の王女たちが現れ、王子に驚き騒ぎ出す。番兵に囚《とら》われ、あわや魔法にかけられそうになる王子。しかし火の鳥からもらった黄金の羽根を高くかざすと、火の鳥が舞い降り、魔物たちを眠らせてしまいました――この場面で使用されるのが、この子守歌というわけです。

もちろんラストは大団円だけれど、ファゴットの不安げな音色は、子守歌というよりはまるでサスペンス映画のよう。後半は、弦楽器とハープが織りなす幻想的なフレーズが胸に迫ってきます。

冷静になりたいときの音楽

モーツァルト
クラリネット協奏曲〜第2楽章
Wolfgang Amadeus Mozart
Clarinet Concerto in A, K.622

内面をのぞきこんで

これまでの二曲とは異なり、感情をカームダウンし、穏やかな気持ちにさせる音楽だ。家族や友人、恋人など、大切な人とのケンカのあとで、嵐のような自分の内面を落ちつけ、見つめなおすような音楽だ。

クラリネットの音は、どんな楽器よりもやさしくノスタルジック。まるでだれかの声のように、あなたを包み込むだろう。そのメロディが終わりを告げるころには、もう一度何かにやさしく向き合う気持ちを取りもどしているはずだ。

作品メモ

モーツァルト最後の協奏曲。童心に返ったようなオペラ《魔笛》（→P62）と同時期に作曲され、その数カ月後にモーツァルトはこの

カール・ベーム（指揮）／ウィーン・フィルハーモニー管弦楽団、アルフレート・プリンツ
ユニバーサル ミュージック
UCCG-4661
¥1,600（税込）

世を去りました。

均一な音色をもつオーボエに対して、クラリネットの魅力は低中高音それぞれに独特の音色があり、表現に幅と奥行きがあるところ。この音色を愛したモーツァルトは、十八世紀当時オーケストラの常連ではなかったクラリネットのそうした特性をよくとらえ、巧みに引き出しました。

映画『愛と哀しみの果て』での使用も有名ですが、ピーター・ウィアー監督の『グリーン・カード』も印象的。劇中、ヒロインがニューヨークのアパートメントのなかにある、秘密の花園のようなサンルームを訪れるシーン。室内をぐるりと映し出すカメラとともに広がるように響くコンチェルトは、やさしい光とともに、いまも美しさの理想でありつづけています。

うれしいときの音楽 その1

モーツァルト
ヴァイオリン協奏曲第3番〜第1楽章
Wolfgang Amadeus Mozart
Violin Concerto No.3 in G, K.216

口笛吹きつつ

ダンスのリズムのようだが、少々抑え気味。たとえば街で会いたかった友人にばったり出会えたとか、お気に入りのショコラティエの新作がおいしかったとか、職場でちょっとした成果を上げられたとか、そういった日常の些細《ささい》な、しかしわきたつ喜びを噛み締めたくなるような場面を盛り上げたい。

そんな、光にあふれた音楽だ。モーツァルトらしい弾むような気持ちと自信に満ち、第一楽章の軽快なリズムは景気がいい。ぼくはよく、この曲を口笛を吹きつつ聴いているんだ。

作品メモ

まず、強弱の対照のはっきりした第一のメロディが登場。このメロディは、主役を待つオペラアリアのような雰囲気がありますが、

サー・コリン・デイヴィス（指揮）／ロンドン交響楽団、アルテュール・グリュミオー
ユニバーサル ミュージック
UCCD-50080
¥1,800（税込）

実際、同じ時期に書かれたオペラ《牧人の王》のメロディをセルフ・カバーしたのだとか。

第二のメロディはオーボエとホルンによって穏やかに。しばらくすると主役のヴァイオリンが登場し、はじめのメロディをくりかえします。オーボエとの美しい絡み合いも聴きものです。

モーツァルトの七つのヴァイオリン協奏曲のなかでも、第五番と並んで演奏される機会の多い人気曲。単純明快な形式のなかに、フランス風の優雅な雰囲気が盛り込まれた美しい仕上がりです。ソロ・ヴァイオリンとオーケストラとの対話、管楽器の多用など、モーツァルト独自のスタイルもしっかり打ち出されたこの曲、じつはほとんど一日で書き上げたという噂も。天才モーツァルトも、口笛を吹くようなハイテンションだったのかもしれません。

うれしいときの音楽 その2

ベルリオーズ
劇的物語《ファウストの劫罰》〜妖精の踊り
Louis Hector Berlioz
La Damnation de Faust, Op.24 - Ballet des Sylphes

時よ止まれ！

「では、ほんとうにダンスしてしまうような曲は？」というリクエストに応えて、もう一曲。こちらは、まさに踊るための音楽。試験の合格とか、難しい仕事の成功とか、大きな喜びをドラマティックに演出したいときの音楽だ。

妖精の踊りという題材は多いが、この曲はとりわけ美しく、華やかだ。このまま時が止まればいいのに、というほどの喜びを存分に体現してくれる。ただし、油断は禁物。悪魔の誘惑にはくれぐれも用心を。

作品メモ

《ファウストの劫罰《ごうばつ》》は、オーケストラに声楽、合唱が加わる大作で、ベルリオーズ（Louis Hector Berlioz, 一八〇三〜一八六九［フランス］）

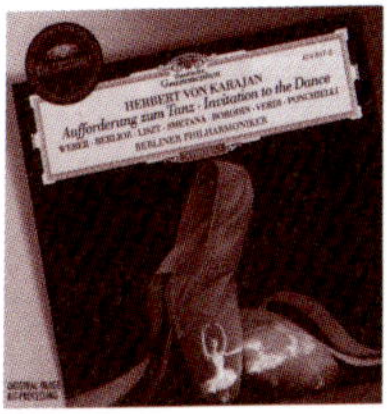

ヘルベルト・フォン・カラヤン(指揮)／ベルリン・フィルハーモニー管弦楽団
ユニバーサル ミュージック
UCCG-3590
¥2,039(税込)
※現在生産を終了しているため、入手困難な可能性があります。

の代表作の一つです。もちろん、ドイツの文豪ゲーテの名作『ファウスト』に基づいています。通常はコンサートホールにおいてコンサート形式で演奏されますが、オペラの形式で上演されることも。とりわけ「ラコッツィ行進曲」が有名です。

悪魔メフィストフェレスが現れ、老人ファウストに人生の喜びを教えてやると囁《ささや》くところから、物語はスタート。ファウストは悪魔と契約し、その魔法により、若返ります。次の瞬間ファウストはエルベ河のほとりでまどろんでおり、妖精たちが神秘的な子守歌を歌っているのです。これぞフェアリー・ミュージック。目覚めたファウストはメフィストフェレスに、夢に見た美しい乙女マルグリートに会わせろ、と迫るのでした。これが悲劇の始まり、ということは忘れて愉しみたい、美しい音楽です。

思い切り泣くための音楽

プロコフィエフ
バレエ組曲《ロメオとジュリエット》
～モンタギュー家とキャピュレット家
Sergei Sergeevich Prokofiev
Romeo and Juliet, Op.64 - Montagues and Capulets

ときには涙も

喜びもドラマならば、悲しみもまたドラマにはちがいない。悲しいことがあって思い切り泣きたいなら、涙をふりしぼるようなこんな曲はどうだろう。

二つの名家が反目し合っている様子を描いたこの作品には、もはや言葉にならないほどの敵対心、憎悪、といった負の感情が描かれる。しかしそれも人間の性《さが》。そのような醜いものまで迫力ある美に昇華してしまうのが、やはり音楽だと思うのだ。

作品メモ

「想定外」の事態に緊迫した会議室に鳴り響くBGM？　いいえ、悲恋物語の舞踏会の場での騎士たちによる威圧的で重々しい踊り。それがこの「モンタギュー家とキャピュレット家」です。《ロメオ

チョン・ミュンフン（指揮）／ロイヤル・コンセルトヘボウ管弦楽団
ユニバーサル ミュージック
UCCG-4543
¥1,600（税込）

とジュリエット》といえば、まずこの曲を思い出すほど印象的な音楽ではないでしょうか。

シェイクスピアの有名な悲劇は、『ウエストサイド物語』のようにミュージカルとしてリメイクされたり、チャイコフスキーの序曲をはじめ、いろいろな音楽作品の題材になったりしていますが、バレエ音楽としていちばん有名なのが、このプロコフィエフ（Sergei Sergeevich Prokofiev, 一八九一～一九五三［ロシア］）の作品です。不協和音混じりの強烈な響きが出てきたあと、この「騎士の踊り」が始まります。途中には「反目のテーマ」と呼ばれる不気味なメロディ。中間ではジュリエットが登場し、許婚《いいなずけ》パリスと踊ります。ここだけは、フルートを中心とした静かな美しさがとても印象的です。

静かな夜の音楽 その1

シューベルト
弦楽五重奏曲〜第2楽章
Franz Schubert
String Quintet in C, D.956

夜にたゆたう

夜が好きだ。パソコンのモニターを消して、電気スタンドの灯りも消す。まっ暗闇で、見えるのはステレオのインジケータの波くらいだ。すると、身体は浮遊したようになり、音楽はその周囲をたゆたう。この非日常感がたまらなく好きだ。日常と非日常のあいだにあるはずの距離が消えたようになっていく様子は、まるで宇宙的。真夜中の混交《こんこう》はとても透き通っている。

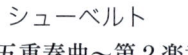

そんな時間のための音楽を紹介しよう。まずはシューベルト。まさに夜のテーマとして名高く、映画などで使用されることも多い。

作品メモ

夜の音楽にはまた、特別のセンスが必要です。眠る前や、眠れない真夜中に、神経を高ぶらせるような音楽はふさわしくない。曲調

ハーゲン弦楽四重奏団／ハインリヒ・シフ
ユニバーサル ミュージック
UCCG-4195
¥1,600（税込）

が穏やかでも、音が明るすぎて違和感を覚えることもあるでしょう。そんなときは、ひっそりと寄り添ってくれるシューベルトの出番です。

この曲は、交響曲第八番「グレート」（→P72）の完成直後、シューベルトの死の二カ月前につくられた遺作です。ふつう、弦楽五重奏曲はヴァイオリンとヴィオラが二台ずつにチェロ、という編成で演奏されるのですが、この曲ではヴィオラではなくチェロが二台。低音の豊かな響きがポイントの、静かな静かな音楽です。生前には認められることのなかった「さすらい人」シューベルト。このときわずか三十一歳でした。彼はやがて来る死を見つめていたのか、それとも漠然とした未来に思いを馳せていたのか、いつも考えさせられます。

静かな夜の音楽 その2

シヨパン
ノクターン第20番（遺作）
Frédéric François Chopin
Nocturne No.20 in C sharp minor, Op.posth.

ため息のようなアルペジオ

二つ目はショパンだ。ショパンのピアノ曲のなかでも、もっとも美しく、また女性に愛してほしいノクターン。震えるようなトリルや、ため息のようなアルペジオは、夜のしじまにこそふさわしい。浴槽に浸かりながら、一日を静かにふりかえったり、軽い瞑想をしたり。ソファに腰かけて、静かに目を閉じるだけでもいい。ただただ美しいものに身をゆだねる、そんな時間に聴いてほしい、モノローグのような音楽だ。

作品メモ

「夜想曲」と訳されるこの曲も、作曲の背景にコンスタンツィア・グラドコフスカへの片想いのエピソードがよく知られているだけに、どこかロマンティックで詩的なイメージ。序奏のあとに続く短

ヴラディーミル・アシュケナージ
ユニバーサル ミュージック
UCCD-50023
¥1,800（税込）

調のメロディは、せつなげで、後悔に満ちています。ところが、曲が進行するにつれ生きる希望のような力強い音に圧倒され、ショパンがただ恋を歌うだけの作曲家ではないことを実感するでしょう。

映画『戦場のピアニスト』での使用も、これを裏づけています。この映画は、ナチス・ドイツの時代を生き抜いた実在のピアニスト、ウワディスワフ・シュピルマンの物語。ユダヤ人だった彼はけっしてヒーローではなく、生き延びるために逃げまわり、プライドも恋人も犠牲にしました。

彼にできたのはピアノを弾くことだけでした。ただ音楽によって、彼は、自分が生きることを肯定できたのです。これが音楽の力です。この映画や『戦場でワルツを』といった戦争映画の作り手がショパンをテーマにするのは、その音楽にある生命力に、極限の状況のなかで気づいたからなのかもしれません。

眠りに入るときの音楽

マーラー
交響曲第５番〜第４楽章（アダージェット）
Gustav Mahler
Symphony No.5 in C sharp minor

たゆたうように眠る

しなやかなシーツに横になって、ゆっくりと目を閉じる。音楽が、あなたのなかに広がっていく。大河の流れのような、あるいは空をゆっくりと上っていくような、大いなる静けさ。大きな波になって打ち寄せたかと思えば、またそろそろと引いていく。

マーラーには申し訳ないが、これは眠りを誘う絶好の曲だ。とても上質の眠り、よい夢まで誘うような。目覚めたときにはきっと、満足感と少しの夢の余韻が残っていることだろう。

作品メモ

ハープと弦楽器がたゆたう第四楽章アダージェットは、グスタフ・マーラー（Gustav Mahler, 一八六〇〜一九一一［オーストリア］）の音楽の代名詞的存在ともなっています。妻アルマへの言葉なき愛の告白

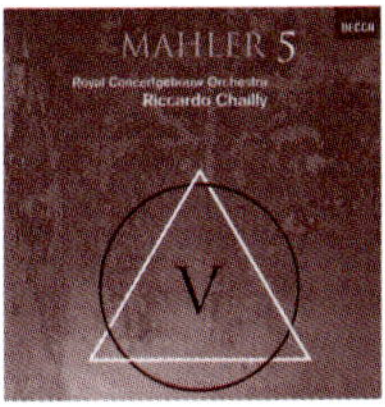

リッカルド・シャイー(指揮)／ロイヤル・
コンセルトヘボウ管弦楽団
ユニバーサル ミュージック
UCCD-4463
¥1,800(税込)

であるこの楽章は、その天上的な美しさから単独で演奏されたり、用いられたりすることも多くあります。

その傾向を決定づけたのが、ルキノ・ヴィスコンティ監督による映画『ベニスに死す』(トーマス・マン原作)。この映画の感情表現において、ほぼ主役ともいえる役割を果たしています。

映画と音楽についてはこの本でも多く語ってきました。クラシック音楽を覚えるとっておきの方法が、やはりこの「映画や物語を通してお気に入りに出会うこと」だからです。そうすれば、映画の場面とともに音楽がインプットされます。映画のサントラやパンフレット、インターネットの使用曲リストでデータを探ることもできます。ほら、これでいちばんの強敵「クラシックCD売り場の謎」もクリア。映画は、「マイテーマ」を見つけたいと思っている人にうってつけのガイドなのです。

クラシックと物語のカタログ（文：高野麻衣）

クラシック音楽のタイトルや音楽用語ほど、字面にして美しいものはない、と思うのは私のフェティシズムでしょうか。ならばもっとわかりやすく、絵的に考えるとどうでしょう。優美なデザインのヴァイオリンやピアノ、それを奏でる人、書きなぐられた音符。どれもが美しく、劇的で、物語を予感させます。

クラシックが登場する小説やマンガ、そして映画は山のようにあります。私がクラシックを聴くようになるきっかけもまた、クリスマスにもらったモーツァルトの絵本であり、直後に見た『アマデウス』という映画でした。モーツァルトを、そのライバルだったサリエリの視点から描いた戯曲が原作で、独特のキャラクターと二人の関係性に大きな衝撃を受けました。子ども時代の「モーツァルトのようにいつも音と戯《たわむ》れ、音楽といっしょにいたい」、そして「サリエリがしていた

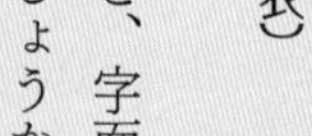

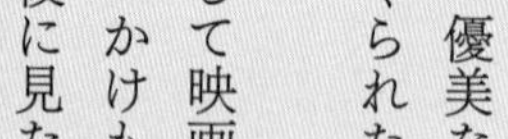

映画『アマデウス』DVD
発売元：ワーナー・ホーム・ビデオ
ブルーレイ：2500円（税込）、DVD：1500円（税込）
ミロス・フォアマン（監

ように彼の音楽を言葉にしたい」という憧れがいまの私の原点です。

　クラシックが物語の中心として取り上げられる場合、三種類があり、第一に『アマデウス』のように音楽家を（史実どおりであれファンタジーであれ）主役として描いたもの。第二にクラシック音楽を学び演奏する人々を描いたもの。そして第三に、演出や小道具としてのクラシック音楽が、物語を性格づけるような作品となります。

　第三のケースとして代表的なものならば、フランソワーズ・サガンの小説『ブラームスはお好き』。また、ミステリーはやはりクラシック含有率が高く、ケストナー『一杯の珈琲から』（ザルツブルク音楽祭）やアガサ・クリスティ『運命の裏木戸』（ショパンのピアノ曲〈雨だれ〉）など、枚挙に遑がありません。

　芥川龍之介や川端康成も、多くの作品で憧れの「西洋音楽」を取り上げていますが、『セロ弾きのゴーシュ』にベートーヴェンの「田園交響曲」、『銀河鉄道の夜』にドヴォルザークの「新世界交響曲」を描

督）、F・マーレイ・エイブラハム（出演）

ブラームスはお好き
サガン
新潮文庫
460円（税込）

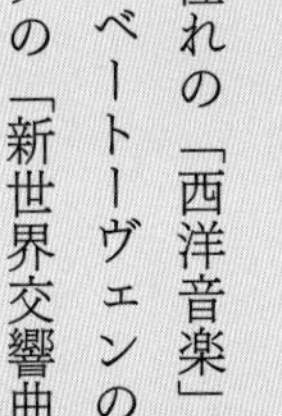

いた宮沢賢治は大のクラシック好きでした。古今クラシック好きの作家は多いのですが、なかでもキング・オブ・クラオタ作家といえば村上春樹をおいていないでしょう。彼の作品と音楽との関係については専門書も出ていますし、語りきれないので割愛《かつあい》します。

　バッハなどのバロックの響きは、優雅な「上流階級」を演出すると同時に、ともするとその空虚さのせいか、ゴシック・ホラーにも重宝されます。トーマス・ハリス『羊たちの沈黙』『ハンニバル』のレクター博士がグールドを愛するように、ゴスロリの美少女（嶽本野ばら『鱗姫』や中村明日美子「I am a PIANO」）もまた、バッハのピアノ曲を愛するのです。

「ハイカラなクラシック」の存在を少女文化が見逃すはずはない。少女小説の祖・吉屋信子の作品にピアノを弾く少女はつきものですし、その系譜は氷室冴子『アグネス白書』（バッハ〈ブランデンブルク協奏曲第六番〉）や、くらもちふさこの名作マンガ『いつもポケットにシ

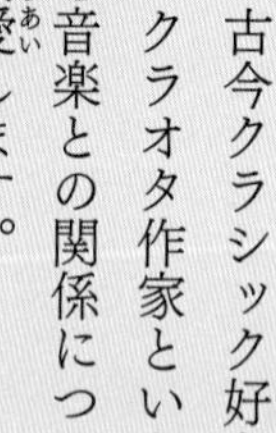

聖夜
「聖書に噛みつき、ロックに心奪われ、メシアンの難曲と格闘する眩しい少年期の終わり」。『第二音楽室』に続くSchool and Musicシリーズ第二弾。
佐藤多佳子
文藝春秋
1450円（税込）

ョパン』、そして近年のヒット作などに受け継がれています。

中山七里『さよならドビュッシー』のヒットで、現代の「音楽小説」の分野も見なおされています。『夏の名残りのバラ』（アイルランド民謡）の恩田陸や『アーモンド入りチョコレートのワルツ』（サティ）の森絵都、『聖夜』（メシアン）の佐藤多佳子は、デビューのころからクラシックというモチーフにこだわりを見せていました。

女性作家とクラシック。この潮流の源として見逃せないのが、「花の二十四年組」と呼ばれた一九七〇年代の少女マンガです。音楽マンガの元祖と言われる池田理代子や竹宮惠子の名作も注目すべきですが、小道具としての使い方が神の域に達しているのが萩尾望都。彼女の作品には「チェリストの恋人」「ドイツ音楽偏愛の男の子」などがしばしば登場し、日常を演出したり、重要な伏線になったりします。そのセンスは、ソフィア・コッポラと並ぶ私のバイブル。萩尾作品から抽出した音楽で、コンピレーションをつくれる自信があります。

残酷な神が支配する
作者最長編にして、最高のクラシック濃度を誇る心理サスペンス。音楽は小道具となり、伏線となり、主人公たちを取り巻く。全10巻。
萩尾望都
小学館文庫
610円（税込）

いつもともにある音楽

モーツァルト
アヴェ・ヴェルム・コルプス
Wolfgang Amadeus Mozart
Ave verum corpus, K.618

いつだってそばにいるから

最後にご紹介するのは、どんなときもそばにいてくれる相棒のような音楽だ。モーツァルトが手がけたこの聖体賛美歌は、合唱と弦楽、オルガンのためのたった四六小節の小さな曲だ。しかし、こんなにも静謐で、胸を震わせるように美しい音楽を、ぼくはほかに知らない。

苦しみを通り越して、何も感じることができないくらい打ちひしがれたときでも、音楽はあなたを救い上げてくれる。「きっとうまくいく」と、語りかけてくれるだろう。

作品メモ

カトリック教会で歌われる聖体賛美歌「アヴェ・ヴェルム・コルプス」。聖体とは、十字架にかけられたイエスの体のことです。「や

ラファエル・クーベリック（指揮）／バイエルン放送交響楽団、レーゲンスブルク大聖堂聖歌隊
ユニバーサル ミュージック
UCCG-5113
¥1,000（税込）

さしきイエスよ。慈悲深きイエスよ。マリアの子イエスよ。アーメン」という、シンプルな祈りの聖句は、多くの作曲家によって曲がつけられています。しかしモーツァルトのこの小曲がもつ美しさは群を抜いたもの。フランツ・リストはピアノ・アレンジ、チャイコフスキーはオーケストラ・アレンジ（組曲《モーツァルティアーナ》〜第三曲「祈り」）を残し、いまでも世界じゅうの人に愛されています。ルネ・マルタンもまた、モーツァルトがテーマのラ・フォル・ジュルネ音楽祭（二〇〇六年）を締めくくる曲としてこの合唱を選び、五〇〇〇席の会場は静かな感動に包まれました。

　病気がちだった妻コンスタンツェを世話してくれた合唱指揮者に贈るため、モーツァルトが心をこめてつくった曲です。そこには、かぎりないやさしさと赦《ゆる》しがあります。このような飾り気のない曲に潜むたえなる調べにこそ、音楽の力――生きるための糧《かて》は、潜んでいるのかもしれません。

東京音楽さんぽ（文：高野麻衣）

クラシック音楽――というか文化全般についていえることですが、絶え間なく登場する新作やだれそれの来日といった情報に振りまわされるのは楽しいけれど、ちょっと疲れることがあります。

そんなとき私は、音楽をiPodに詰め込んで、街へ出かけます。すると不思議なことに、その音楽をはじめて聴いたときの感動がよみがえってくるのです。

変わらぬ街並みも、音楽によって憧れのヨーロッパや優雅な過去の時代へと変身します。ここではお送りしてきた音楽シチュエーションのおまけとして、身近な東京でのお散歩と音楽のあれこれを、思い出すままに書いてみましょう。

＊

名曲喫茶ライオン
東京都渋谷区道玄坂2-19-13
03-3461-6858
http://lion.main.jp/

マリアージュ フレール 銀座本店

東京都中央区銀座5-6-6すずらん通り マリアージュ フレール ビル
03-3572-1854
http://www.mariagefreres.com/

四月、暖かい日曜日には上野の桜の下でピクニック。小ぶりのバスケットを片手に、iPodにはモーツァルトのピアノ・コンチェルト。評判のパン屋さんでサンドウィッチや惣菜を調達し、ベンチに腰掛けおしゃべりしつつ、いただく。おいしいチーズとワインもあれば最高だ。食べ終わったらミュージアム・コンサートというのも定番コース。西洋美術館では、なんの展覧会をしているかしら？

五月には、ラ・フォル・ジュルネ音楽祭と、日比谷の青葉が欠かせない。「ボンジュール」「ボナペティ」。中庭の屋台でお目当てのランチを手に入れたら、熱狂の空間を離れて、公園の噴水の傍らでだらだらするのが好き。至福のサボタージュは、コンサート開始五分前のアラームまで続く。

六月、雨が続いたら、渋谷の名曲喫茶ライオンへ。どんなときも変わらない厳かな静寂が、ささくれだった心を慰めてくれる。ブラームスのクラリネット五重奏曲で、涙するのもまた儀式。

新国立劇場

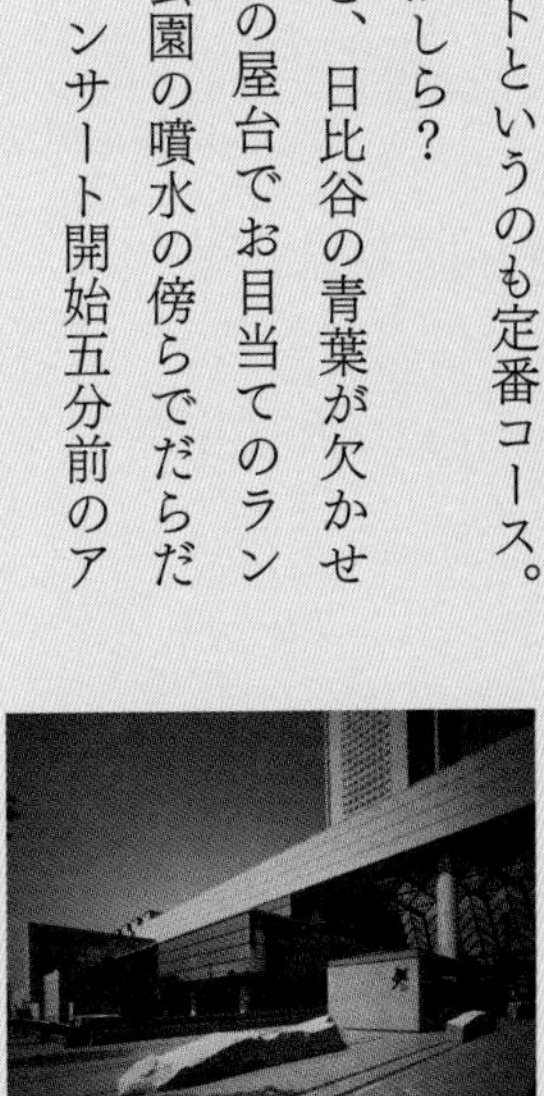

東京都渋谷区本町1-1-1
03-5352-9999（新国立劇場ボックスオフィス）
http://www.nntt.jac.go.jp/

七月はバカンス気分。南仏の野外音楽祭に思いを馳せて、銀座すずらん通りのマリアージュ フレールでテ グラッセ（フレンチアイスティー）。コンサートの開場時間まで、ラヴェルを流して優雅に時間をつぶす。

八月、暑さを避けて、渋谷のＣＤショップで長逗留。ハンサムなチェリストの新譜を手に取ったついでに、共演のピアニストの隠れた佳作を発見。これがあるから店舗通いはやめられない。お目当ての曲があるなら、クラシック愛あふれるプロ店員に相談してみるのもいい。楽しい薀蓄《うんちく》を聞くうち、時はまたたく間に過ぎていく。

九月はクラシックにとって、シーズンの幕開けだ。奮発して新国立劇場へ出かけ、新作のオペラを味わおう。舞台がはねたら満員電車になど乗らず、新宿初台の商店街にひっそりと営業するバーでワインを傾ける。余韻に浸るうち、知り合いのオペラ仲間もいつの間にかそろっている。

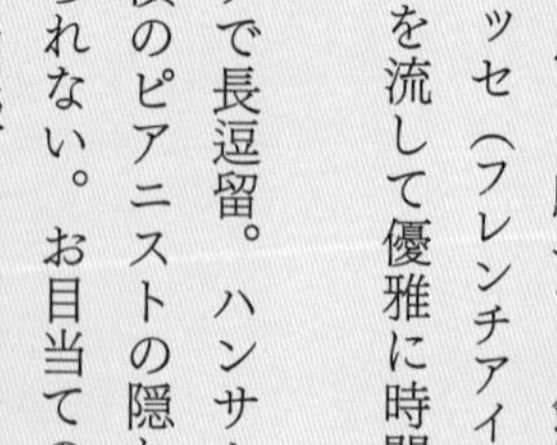

旧古河庭園
東京都北区西ヶ原1-27-39
03-3910-0394
http://www.tokyo-park.or.jp/park/format/index034.html

教文館 子どもの本のみせ ナルニア国
東京都中央区銀座4-5-1

十月は、英国気分の再燃。ミステリー片手に神田小川町の喫茶店へ通う。iPodの中身は当然エルガー、そしてお気に入りのフィンジ。来週は、東京のオーケストラが彼の曲を演奏するはずだから、たまには聴きに行ってみよう。

十一月になったら、旧古河庭園へ。英国の建築家ジョサイア・コンドルの手による石積みの壁、白いフランス窓、そして、ばらの花。眺めながら、洋菓子店で買ってきたモカロールと紅茶をいただく。バロック・オペラを観る日に、毎年欠かせぬ習慣だ。

十二月はもちろんクリスマス。待降節（アドベント）を過ぎると、プレイリストはチャイコフスキーとキャロルで埋め尽くされる。銀座並木通りの教文館で絵本を選んだら、有楽町まで歩いてクリスマス市。シナモンの利いたホットワインで、冷えた体を温める。

年が明けて一月。まっさらな気持ちでバッハを聴く。オルガンの響きが、残響とともに身体を突き抜ける。メディテーション（瞑想）とは、

03-3563-0730
http://www.kyobunkwan.co.jp/

新宿御苑

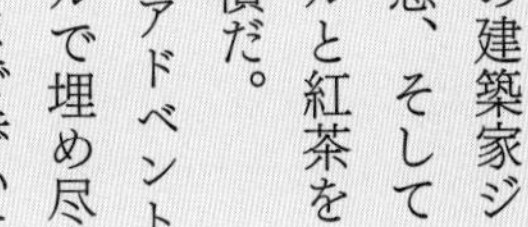

東京都新宿区内藤町11
03-3350-0151
http://www.env.go.jp/garden/shinjukugyoen/
※ラジカセや楽器は使用できません

まさにこのこと。

二月になったら、バレンタイン気分を全力で愉しみたい。デパートの地下で人気ショコラティエの新作を手に入れたら、新宿御苑の芝生にブランケットを広げ、紅茶を煎《い》れてピクニック。イヤホンで聴くのは、ヨハン・シュトラウス？　あるいはオッフェンバック？

三月の、春への憧れ。日の光は降り注ぎ、井の頭恩賜公園の梅の花も、ピンク色に華やぎ出す。白鳥のボートは幸福の象徴。メンデルスゾーンやサン＝サーンスを流しながら、雑木林をそぞろ歩く。春はすぐそこ。

そして四月……。

井の頭恩賜公園

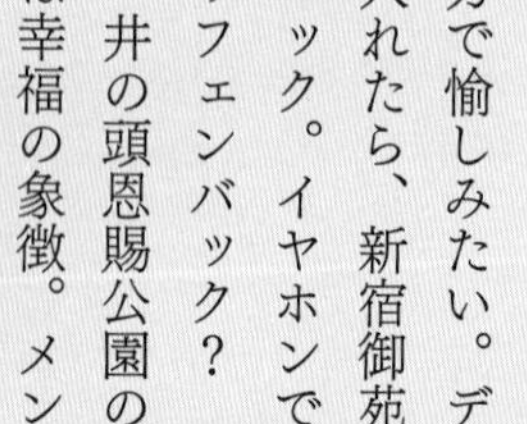

東京都武蔵野市御殿山1-18-31
0422-47-6900
http://www.kensetsu.metro.tokyo.jp/seibuk/inokashira/index.html

おわりに
——音楽とともに生きる

ルネ・マルタン

音楽は、なによりも感情に働きかけるエレメントだ。

ぼくがこの数年、日本で出会った女性たちは、いつもそういうエレメントを探しているように感じる。たとえば仕事をするとき、恋をするとき、また結婚や育児といったシチュエーションのなかで、彼女たちは感情の演出を重視し、ちょっとした贅沢——カフェでのおしゃべりや美しく塗ったマニキュアや繊細なデザートのような、キラキラしたエレメントを大切にしているようだ。

女性ファッション誌では「お嬢様」とか「品」といった語句が人気だそうだし、道行く女性はみんなおしゃれだ。化粧品のポスターやパッケージにすら、まるでプリンセスのように着飾った少女が微笑んでいる。フランスのショコラティエも数多く出店しているので、日本の女性たちのほうがフランス人のぼくよりチョコレートにくわしかったりする。

経済的に厳しい現代の日本で、男性よりも直接的なあおりを受けているはずの女性。そういう現実があるからこそ、優雅でキラキラした世界をコスプレ感覚で愉しみたい。そんないじらしい思いを想像するのは、難しいことではなかった。

クラシックが、彼女たちに果たせる役割は大きい。人生を豊かに、優雅に演出できるのがクラシックだ。あらゆる実験が、「クラシックは心の栄養」ということを証明している。たとえばレストランで良質のクラシックを流していると、お客さんはいちばん上等のワインを開け、ゆっくり味わうのだそうだ。

「自分自身がヒロインになりたいのです。音楽のなかで、ヒロインとして生きたいのです」

本をつくる過程で、たくさんの日本の女性たちに話を聞いたのだが、おもしろかったのは、こうした意見をみんなが異口同音に教えてくれたことだった。いわば彼女たちが、この本の中身を与えてくれたのである。でもそれは、彼女たちにその場でクラシックを聴いてもらったからこそ、引き出された言葉なのかもしれない。

音楽それ自体は抽象的なものだが、そこからなにがしかのストーリーを読み取るという作業は、想像力を育《はぐく》む。クラシックは、その素材の最たるものだ。聴く人の感情に接近し、苦しみや悲しみからも救ってくれる。生きることを助けてくれる。どんな家族も友人も、音楽と同じようには、あなたを助けることはできない。

音楽とは、魂なんだ。五〇〇〇人が一堂に会するためのホールは、ただ建築として見ても雄々《おお》しく美しい。でもそれだけだ。そこにオーケストラが入り、指揮者が立ち、音楽が始まる。その瞬間、魂が吹き込まれるんだ。

人生も同じことだと思う。音楽なしの人生なんて、ぼくには考えられない。

そんな感情を、あなたと分かち合えたら幸いだ。

＊

この本を構成するにあたって、たくさんの人にお世話になった。

高野麻衣さんには、解説とコラムを担当してもらった。彼女は、五年前に『ぶらあぼ』(現在は『ぴあ クラシック最新情報』)で連載を始めたときからの、ぼくの唯一の担当編集者。ぼくの考えをわかりやすく伝えることにかけてはもっとも信頼でき、おまけに日本の女性のカルチャーにもくわしい書き手である。

彼女や、編集者の後尾さんといった女性たちの熱意があったからこそこの本は生まれた。もう一人の編集者——こちらは男性の林さんと、通訳の原さん、そしてＫＡＪＩＭＯＴＯのみなさんにもこの場を借りて感謝を捧げたい。

Merci milles fois!!

――ルネ・マルタンの魔法

高野麻衣

物語のような音楽が好きです。さまざまな気分に寄り添うような、旅に連れて行ってくれるような、ある時代、ある人の一生を描くような、そんな音楽。私がルネ・マルタンを敬愛するのは、そのような音楽の聴き方を、大上段に構えたりせず自然に、しかし変におもねったりすることなく誠実に、私たちに教えてくれるからです。

私がルネに出会ったのは二〇〇五年、東京の最初のラ・フォル・ジュルネでした。クラシックだってこんな楽しみ方を提案できるのだ、という感動を胸にメーカーから転職し、翌年には編集者として彼にインタビューをしていました。そこで意気投合し、秋から彼の連載を立ち上げることになりました。そして次の年には元祖・ナントの音楽祭を体験し、以降もさまざまな出会いをいただきました。こうして思い返しても、私はルネと出会ったときからずっと、魔法にかかっているような気がします。その魔法は、ブログや雑誌記事を通して共感してくださる方たちみんなに、伝染しているようです。

この本の主役は、あなたです。洋服も、お茶の時間も、ちょっぴり物語を意識して演出してしまうようなあなたです。そうした方たちと、音楽についておしゃべりする——これがまさに、ルネに教えてもらったフランス語「partager（分かち合う）」だと思うのです。それは、

「美しい音楽を見つけたよ。この音楽の裏にはこんな物語がある。最高の演奏だから、君に聴いてほしい」

そんな、軽やかで自由な連帯です。自由であるからには、「本物」を伝える責任が大前提としてあります。しかしそれは、知識をひけらかしたり、自分と違う聴き方を見下したり、好みでないものの悪口を言ったりする態度とは対極にあります。そこには本物の音楽の姿があると、私は信じています。

非常事態が続くなかで、不安を消し去ってくれる、モーツァルトの音楽があることに幸福を感じています。たくさんのラジオが美しいクラシックを流しつづけています。音を出せない環境にあっても、頭の中で音楽を流すことができれば、心が救われます。

少しでも多くの人が音楽の力を享受できるように、そしてこれからもすばらしい音楽に出会えるように、心から祈っています。

ルネ・マルタンの魔法が、あなたにも届きますように！

二〇一一年三月

I n f o r m a t i o n

本書に登場するルネ・マルタンのオススメ楽曲の
コンピレーションＣＤが発売されます。
詳細はこちらをご覧ください。

http://www.lfj.jp/lfj_2011/enjoy/sub_05.html

著者略歴

ルネ・マルタン［René Martin］

フランス・ナント出身。クラシック音楽祭「ラ・フォル・ジュルネ」アーティスティック・ディレクター。経営管理学と音楽を学んだのち、1979年に芸術研究制作センター（CREA）を創設。以来、数多くのコンサートや音楽祭を手がけている。業界の常識を覆し、世界のクラシック音楽界に衝撃を与えた「ラ・フォル・ジュルネ」は1995年にナントでスタート。日本では2005年から開催され、毎年80万人が来場している。

解説者略歴

高野麻衣［たかの・まい］

上智大学文学部史学科卒。クラシック音楽雑誌の編集を経て、フリーに。「乙女のクラシック」をテーマに、音楽にとどまらず乙女文化全般について広く執筆している。

（高野麻衣ホームページ）
http://d.hatena.ne.jp/otome_classic/

制作協力――――KAJIMOTO
（株）ケイ・ライターズクラブ
ユニバーサル ミュージック

本文イラスト――たやみよこ

フランス的クラシック生活

(PHP新書731)

二〇一一年五月六日 第一版第一刷

著者――ルネ・マルタン 解説者――高野麻衣
発行者――安藤 卓
発行所――株式会社PHP研究所
東京本部――〒102-8331 千代田区一番町21
新書出版部 ☎03-3239-6298(編集)
普及一部 ☎03-3239-6233(販売)
京都本部――〒601-8411 京都市南区西九条北ノ内町11
組版――有限会社エヴリ・シンク
装幀者――芦澤泰偉＋児崎雅淑
印刷所 製本所――図書印刷株式会社

ISBN978-4-569-79786-1

PHP新書
PHP INTERFACE
http://www.php.co.jp/

ＰＨＰ新書刊行にあたって

「繁栄を通じて平和と幸福を」（PEACE and HAPPINESS through PROSPERITY）の願いのもと、ＰＨＰ研究所が創設されて今年で五十周年を迎えます。その歩みは、日本人が先の戦争を乗り越え、並々ならぬ努力を続けて、今日の繁栄を築き上げてきた軌跡に重なります。

しかし、平和で豊かな生活を手にした現在、多くの日本人は、自分が何のために生きているのか、どのように生きていきたいのかを、見失いつつあるように思われます。そして、その間にも、日本国内や世界のみならず地球規模での大きな変化が日々生起し、解決すべき問題となって私たちのもとに押し寄せてきます。

このような時代に人生の確かな価値を見出し、生きる喜びに満ちあふれた社会を実現するために、いま何が求められているのでしょうか。それは、先達が培ってきた知恵を紡ぎ直すこと、その上で自分たち一人一人がおかれた現実と進むべき未来について丹念に考えていくこと以外にはありません。

その営みは、単なる知識に終わらない深い思索へ、そしてよく生きるための哲学への旅でもあります。弊所が創設五十周年を迎えましたのを機に、ＰＨＰ新書を創刊し、この新たな旅を読者と共に歩んでいきたいと思っています。多くの読者の共感と支援を心よりお願いいたします。

一九九六年十月

ＰＨＰ研究所

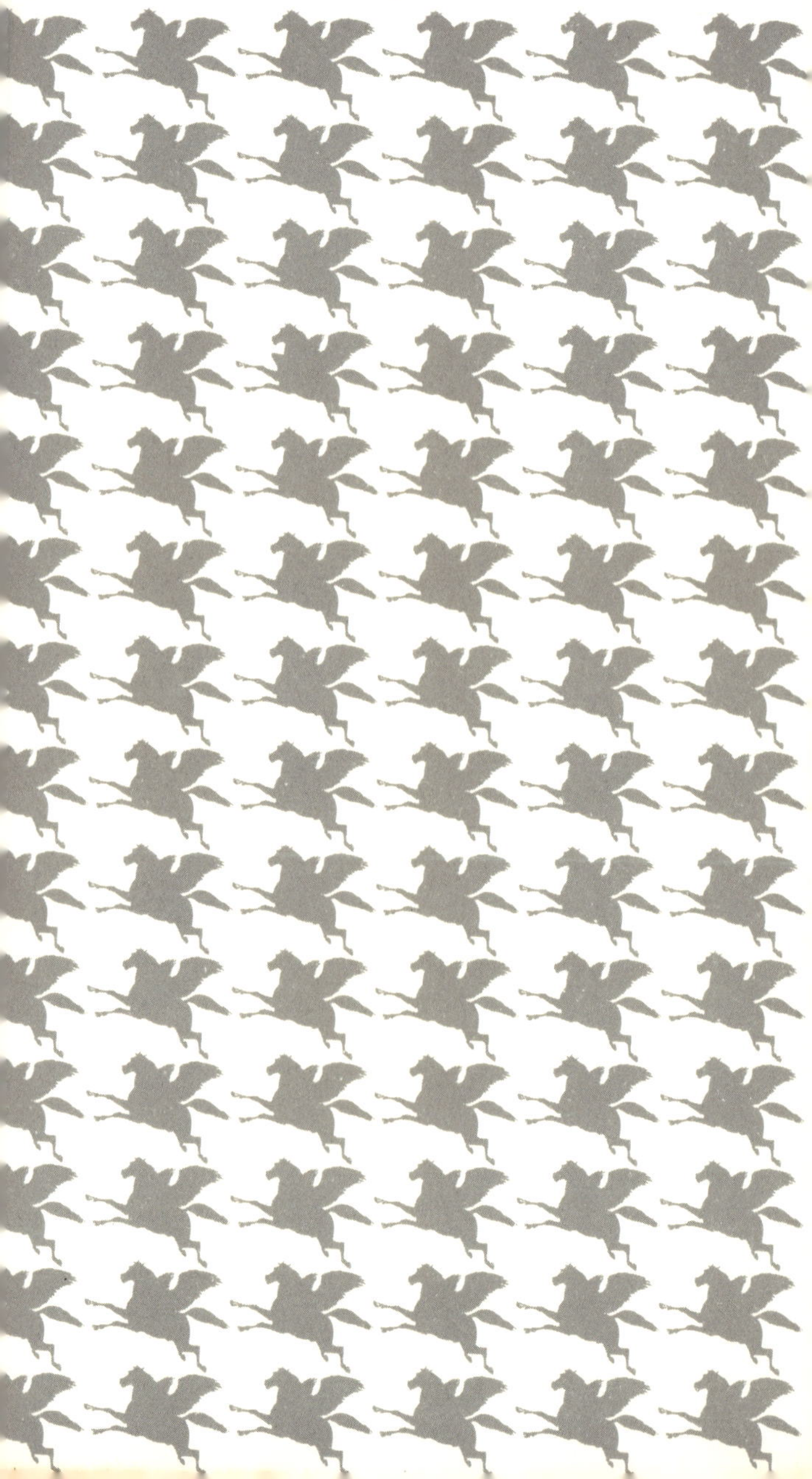